KB030952

PERFECT SALES
퍼펙트 세일즈

서명식 지음

PERFECT SALES

가격을 낮추지 않고 고객의 기대감을 높이는 최고의 기술

퍼펙트 세일즈

나비의 활주로

prologue

세일즈는 우리 인생의 축소판이다

가족들이 모두 잠든 늦은 밤, 조용히 책상 앞에 앉아 있다 보니 대학 졸업 후 세일즈 혹은 영업이라 불리는 업業에 몸담으며 지낸 10여 년의 시간을 저절로 되돌아보게 된다.

'과연 나는 지금까지 잘해왔고, 앞으로도 잘할 수 있을 것인가?'

나와 같은 처지에 있는 회사원들뿐만 아니라 열심히 공부하고 있는 학생들, 취업을 준비하고 있는 취준생들, 전쟁터와 같은 이 사회에서 고군분투하고 있는 모든 이들이 가끔씩 스스로에게 이런 질문을 던질 것이다.

2005년, 운 좋게 지금 직장에 취업한 이후 나는 줄곧 세일즈 업무를 담당해왔다. 세일즈 또는 영업을 한다고 하면 간혹 "너무 힘들지 않으세요?", "왜 다른 일도 많은데 세일즈를 하세요?", "접대하느라 몸과 마음이 많이 힘드시겠어요!"와 같은 위로의 말을 건네는 사람들이 있다. 물론 "고객이 왕"이라는 말도 있듯이 세일즈를 할 때 간도, 쓸개도 다 빼줄 것처럼 일을 해야 하는 순간도 없지 않아 있다. 그렇지만 나는 내가 선택한 세일즈라는 일에 당당한 자부심을 가지고 있다. 무엇보다 '사람과 사람'을 연결해주는 일이고, 내가 그런 일에 재미를 느끼고 성장해나가고 있음을 느끼기 때문이다.

"결국 모든 것은 사람이 하는 일이다."

사회 초년생 때 한 선배가 해준 말이다. 나는 이 말이 지금도 여전히 유효하다고 생각한다. 4차 산업혁명이 도래하고 인공지능으로 대표되는 로봇의 세계가 오면 과연 지금 우리가 하는 일을 계속 할 수 있을까 의구심을 갖는 사람들이 많다. 그런데 나는 너무 걱정할 필요는 없다고 생각한다. 기본적인 사람 간의 관계는 계속 이어지기 때문이다. 세일즈는 이렇게 사람들의 관계를 이어주는 가장 기본적인 일이기에 계속 할 수밖에 없는 매력이 있다.

'퍼펙트 세일즈'라는 주제로 책을 쓰며 '과연 나는 퍼펙트 세일즈를 잘하고 있는가?'라는 질문을 스스로에게 수도 없이 했다. 내가 세일즈 분야에서 몇 십 년 이상 근무하여 누구에게나 주목받는 자리에 있는 것도 아닐뿐더러 나 역시 아직 세일즈에 대해 알아가는 과정에 있기 때문이다. 또한 항상 세일즈에 성공했던 것만도 아니다. 고객 앞에서 욕도 들어보고, 목표 달성을 못해 질책을 받기도 하고, 계약을 성공시키지 못할 때에는 스스로에 대한 자괴감이 들기도 했다. 그렇게 세일즈를 하며 내가 보고 듣고 배우고 느낀 것들을 누군가와 나누고 싶었다.

그 누구도 세일즈를 혼자서 성공시킬 수는 없다. 가깝게는 가족과 친구 및 친지들의 따뜻한 보살핌도 있어야 하고, 직장 동료 및 선후배들과 함께할 때 그 결과가 더욱 빛을 발할 수 있다. 그렇게 함께 성장하고자 하는 분들에게 내가 경험한 것들을 공유하며 도움을 드리고자 이 책을 썼다. 이 책이 실제 상황에 많은 도움이 되기를 바래본다. 이 땅을 살아가는, 평범하지만 자신만의 미래를 꿈꾸는 사람들에게 이 책이 한 걸음씩 나아갈 수 있는 디딤돌이 되어준다면 더할 나위 없이 행복할 것이다.

'일체유심조 一切唯心造', 내가 좌우명으로 여기고 있는 문구다. 이 말처럼 모든 것은 마음먹기에 달려 있다고 생각한다. 물론 모든 일이 마음먹은 대로 쉽게 이루어지지는 않는다. 다만 분명 잘될 것이라는 긍정적인 생각과 상대방을 배려하는 마음을 가진다면 누구나 '퍼펙트 세일즈'를 할 수 있을 것이다. '세일즈는 인생의 축소판'이라는 말이 있다. 지금 성공했다고 그 성공이 끝까지 이어지는 것은 아니며, 지금 실패했다고 그 실패가 평생 이어지는 것도 아니다.

나는 어릴 때부터 무언가 쓰는 것을 좋아했다. 일기도 20여 년 넘게 써왔고, 틈틈이 메모하는 습관도 가지고 있다. 그런 작은 습관들이 밑바탕이 되어 지금 이렇게 책을 펴내는 개인적인 꿈을 이루게 되어 기분이 좋다. 앞으로 세일즈뿐만 아니라 내가 경험하고 느낀 것들을 많은 사람들과 함께 나누고 싶다.

내가 쓴 책이 출판되는 것도 신기하고 놀랍지만 책의 서문을 쓴다는 것은 더더욱 놀랍다. 이 모든 신기한 일들이 지금의 아내이자 휴대전화에 '이하나님'으로 저장되어 있는 그녀를 만나고 하나씩 이루어지고 있다. 끝으로 나와 삶을 약속해준 그녀와 우리의 결실 해담이에게 이 책을 바친다. 물론 나를 항상 지지해주시는 부모님과 가족들에게도 감사의 마음을 전한다.

서평식

Contents

CHAPTER 3

퍼펙트 세일즈를 위해 꼭 알아야 할 것들

CHAPTER 4

퍼펙트 세일즈를 위한 8가지 전략

CHAPTER 5

퍼펙트 세일즈로 성공하라

Perfect Sales

CHAPTER 1

왜 퍼펙트 세일즈인가?

세일즈맨이 반드시 실천해야 할 원칙들이 있다. 그런 것들은 세일즈의 기본가치라고 할 수 있다. 이 책에서 나는 내가 배우고 경험한 것들을 바탕으로 이와 관련된 이야기를 풀어가고자 한다. 물론 내가 말하는 것이 절대적인 기준이라고 단정할 수는 없다. 하지만 분명 퍼펙트 세일즈를 위한 기본바탕이 되어줄 거라고 확신한다. 기본바탕을 제대로 갖추지 않은 채 세일즈를 하는 것은 모래 위에 집을 짓는 것과 같다.

Lesson 1

나는 왜 세일즈를 하는가?

직장에서든 비즈니스에서든 가장 중요한 책무는 신뢰를 쌓는 것이다.
그것만큼 최우선순위에 두어야 할 것은 없다.
- 로버트 에커트

"세일즈 하기 힘들지 않으세요?"

세일즈를 한다고 하면 흔히 물어보는 말이다. 물론 나는 "전혀 그렇지 않고 재밌습니다"라고 씩씩하게 대답한다. 그리고 그럴 때마다 스스로에게 되물어본다.

'나는 왜 세일즈를 하는가?'

세일즈를 하다 보면 물론 힘든 일도 많다. 매일매일 고객들, 협력업체들과 수시로 연락을 주고받으며 미팅을 진행하는데 그 일들이 즉시 해결되면 괜찮지만, 잘 해결되지 않으면 골치가 아픈 경우도 많다. 해결하기 힘든 문제들은 모두 세일즈맨의 몫으로 돌아오기 때문이다. 또 치열한 경쟁 속에서 실적마저 좋지 못하면 홀로 속을 끓이며 외로움을 느끼기도 한다.

나는 칼바람 가득하던 2005년 1월의 첫 월요일을 잊지 못한다. 처음으로 인턴사원이 된 날이기 때문이다. 운 좋게도 나는 누구나 들으면 알 법한 대기업 'S상사'의 인턴사원이 되었다. 비록 한 달간의 짧은 기간이었지만 정장을 입고 출근하는 동안 나는 정말 행복했다. 스스로 인턴사원이 된 것도 뿌듯했고, 입사하고 싶었던 회사에서 일할 수 있는 기회를 갖게 된 것도 자랑스러웠다.

늦지 않게 도착한 회사 인사부에서는 기본 소양 교육과 인턴 과정이 어떻게 진행될지 친절하게 설명해주었다. 이틀 동안 인사부에서 교육을 받고서 드디어 부서 배치를 받았다. 난생처음 보는 팀원들 앞에서 나는 간단히 자기소개를 했다.

"안…녕…하세요, 저는… 부산에서… 올라온… 서명식입니다……."

너무 떨려 인사도 제대로 할 수 없었다. 다행히 모두 긴장한 나를 이해한다는 표정이었고, 나의 멘토였던 과장님께서도 이렇게 말씀해주셨다.

"서명식 씨, 너무 긴장하지 마세요! 우리도 서명식 씨와 다름없는 사람입니다. 너무 겁먹지 마세요, 하하하!"

예상치 못한 한마디에 모두들 웃었고, 분위기는 금세 화기애애해졌다. 그렇게 팀장님부터 각자 자기소개를 하면서 첫 상견례가 끝났다. 그리고 배정받은 자리에 앉아 노트북을 켜는 순간 여기저기에서 동시다발적으로 말소리가 들렸다.

"아니, 사장님! 이건 약속한 것과 다르잖아요! 갑자기 이러시면 어떡합니까?"

"김 과장, 지난번에 보고하기로 한 건 어떻게 됐어? 어제까지 아니었나? 나도 윗선에 보고 해야 하는데 빨리빨리 줘야지! 이렇게 일처리가 늦어서 되겠어?"

"Hello, This is Korea Mr. Lee. Can I talk with Mr. Richard?"

"곤니찌와, 와따시와 최○○데스. 하지메마시떼……."

협력업체 사장님과 미팅 하는 소리, 상무님이 부하직원과 대화하는 소리, 미국이나 일본의 구매자들과 통화하는 소리 등 여러 소리가 동시다발적으로 들려왔다. 내가 인턴으로 일하게 된 곳은 종합상사 해외영업부였다. 나는 속으로 '우와, 대단하다! 상사란 곳은 이런 곳이구나. 나도 언젠가 저렇게 일하겠지'라고 생각하며 인턴으로서의 첫 업무를 시작했다.

그렇게 인턴으로 일하던 어느 날 멘토 과장님이 "서명식 씨는 회사에 들어와서 가장 하고 싶었던 일이 뭐예요?"라고 갑자기 물어보셨다. 나는 잘되었다 싶어 평소 하고 싶었던 외근을 한 번 따라가보고 싶다고 말씀드렸다. 세일즈맨들이 외근을 나가면 고객이나 협력업체들과 어떻게 미팅을 하는지 꼭 한 번 보고 싶었기 때문이다.

"그래요? 알겠어요. 그럼 오후에 옆에 있는 박 대리와 협력업체에 같이 갔다 오세요. 괜찮지, 박 대리?"

옆에 있던 박 대리님은 알겠다고 짧게 대답했다. 그날 박 대리님이 만나기로 한 사람은 같은 계열 회사에 근무하는 팀장님이었다. 해외에서 수입하는 원료의 국내 반입이 다소 늦어져 만나봐야 한다고 했다. 팀장님의 사무실에 도착하자마자 두 분은 업무 관련 이야기를 나누기 시작했다. 이미 잘 알고 있는 사이여서 그런지 미팅은 빨리 진행되었다. 팀장님은 어제 출장 다녀온 남아프리카공화국의 구매자를 만났다며, 원료가 차질 없이 한국에 올 테니 걱정 말라고 하셨다. 그렇게 미팅이 끝난 후에야 내가 따라온 인턴인 것을 아시고 저녁 시간이 되었으니 같이 밥이나 먹으러 가자고 하셨다.

이어진 식사 자리에서도 두 분은 일 이야기만 했다. 알고 보니 박 대리님과 팀장님은 같이 일한 적이 있는 사이였다. 같은 계열 회사의 인사이동 시기에 소속이 변경되어 지금은 서로 다른 회사에서 근무하지만 서로 잘 알고 있기에 업무를 원만하고 신속하게 처리할 수 있었던 것이다. 두 분의 이야기를 듣는 것만으로도 세일즈 고수의 기운을 받는 것 같아 넋 놓고 있을 때 팀장님이 갑자기 물으셨다.

"서명식 씨는 앞으로 하고 싶은 일이 뭐예요?"

갑작스러운 물음에 당황했지만 "네, 저도 두 분처럼 상사에서 해외영업 업무를 하고 싶습니다"라고 평소 생각하던 이야기를 했다. 팀장님은 묵묵히 생각하시더니 "그렇군요. 그럼 내가 한마디만 할게요. 내가 세일즈를 약 20년 정도 해서 사람을 보면 대충 알아요. 물론 100% 맞는 건 아니지만, 서명식 씨는 내가 볼 때 그렇게 나쁘지 않아요. 내가 자세히 이야기해줄 수는 없지만 이쪽 길이 괜찮다 생각하고 사람 만나는 걸 좋아하면 세일즈를 해보는 것도 괜찮겠네요"라며 격려인지 칭찬인지 모를 이야기를 해주셨다. 이후 그 팀장님을 다시 뵐 수 있는 기회는 없었지만 그때 들었던 울림은 지금까지도 가슴속 한편에 계속 남아 있다.

대학교 4학년이 되고 취업을 준비하면서 해외영업 분야에 입사하기를 바랐지만, 한편으로는 다양한 사람을 만날 수 있는 기회를 갖고 싶어 세일즈 업무 위주로 지원을 했다. 이후 운 좋게 현재의 직장에 취업하여 지금까지 근무하고 있다.

처음부터 세일즈가 나의 천직이라고 생각하거나 특별한 소명이 있어서 시작한 것은 아니었다. 여전히 일이 잘 안 풀리거나 보이지 않는 장벽에 부딪힐 때에는 나 역시 좌절하기도 한다. 하지만 망설임 없이 전력을 다하다 보면 반드시 재미를 느낄 때가 있다. 세일즈를 비롯한 모든 일들에 재미가 붙으면 더 이상 부담이나 고통이 아니다. 오히려 인생의 즐거움이 되고 보람이 된다.

나는 세일즈 업무를 한 단계, 한 단계 극복하면서 익숙해지고 재미를 느끼게 되었다. 내가 세일즈를 하는 이유는 다음과 같다.

첫째, 내가 하는 세일즈가 고객이나 협력업체를 보다 긍정적으로 변화시킬 수 있다고 믿기 때문이다.

둘째, 내가 하는 세일즈가 향후 내가 하고자 하는 일과 살아가고자 하는 방향에 도움이 되고 주위 모든 사람들에게 좋은 영향을 끼치기 때문이다.

셋째, 무엇보다도 세일즈 자체가 어렵긴 해도 성공했을 때의 성취감이나 만족감을 잊을 수 없고 재미를 느끼기 때문이다.

사람들은 성공하기 위해 꿈꾸고 사랑하고 열렬히 행하라고 한다. 하지만 나는 이렇게 이야기하고 싶다.

"세일즈를 하면서 사랑하고 꿈꾸고 열렬히 행하며 성공까지 가져가라."

무엇보다 중요한 건 나 자신이 재미를 느끼고 즐기기에 세일즈를 하는 것이다. 내가 세일즈를 하는 이유는 여러 가지가 있지만 기본적인 이유는 나의 가치, 철학, 신조 혹은 좌우명으로 불리기도 하는 것들 때문이다.

얼마 전 신문에서 어떤 명사가 좌우명 없이 산다고 말하는 인터뷰 기사를 봤다. 세상이 너무 빠르게 변화하고 상황이 너무 다양하게 달라지기 때문에 그때마다 적용할 원리가 없다는 것이었다. 그러나 나는 그 의견과 조금 다른 입장이다. 아무리 사회가 변화무쌍하고 가치관의 혼동이 있더라도 확고한 행동지침과 세일즈의 핵심원리를 아는 것이 중요하다고 생각한다. 세일즈를 효과적으로 하려면 세일즈의 지침이 되는 기본원칙들을 분명히 알고 있어야 한다.

미국의 저명한 신학자이자 교사였던 스탠리 존스는 이렇게 말했다.

"오늘날의 사람들에게 있어서 효과적인 인생철학, 즉 살아가는 방법보다 더 시급한 것은 없다. 그들은 좌우명이 없기 때문에 떠돌이 생활을 면치 못하고 있다. 그들에게는 해도(항해용 지도), 나침반, 운전대, 그리고 목적지가 없다. 그러므로 그들은 자유롭다고 생각할지 모르지만, 빨리 대책을 강구하지 않으면 바위와 폭풍우를 면치 못할 것이다."

세일즈맨이 반드시 실천해야 할 원칙들이 있다. 그런 것들은 세일즈의 기본가치라고 할 수 있다. 이 책에서 나는 내가 배우고 경험한 것들을 바탕으로 이와 관련된 이야기를 풀어가고자 한다. 물론 내가 말하는 것이 절대적인 기준이라고 단정할 수는 없다. 하지만 분명 퍼펙트 세일즈를 위한 기본바탕이 되어줄 거라고 확신한다. 기본바탕을 제대로 갖추지 않은 채 세일즈를 하는 것은 모래 위에 집을 짓는 것과 같다.

사실 세일즈의 기본은 이미 우리가 잘 아는 것일 수도 있다. 세일즈를 하는 데 필요한 것은 기본적인 예의이고 원초적인 품격이다. 세일즈를 하는 이유는 당신이 머릿속에서 세일즈를 생각했기 때문이다. 어떤 상상을 하고 어떻게 세일즈를 하느냐에 따라 우리의 미래는 달라진다.

세일즈는 긴 마라톤과 같다. 평탄한 길도 있고, 가파른 길도 있고, 포기하고 싶은 순간도 있을 것이다. 그렇지만 그 길에서 나만의 퍼펙트 세일즈 길을 찾는 과정이 필요하고, 이 책이 조금이나마 도움이 된다면 정말 기쁠 것이다.

Lesson 2

나는 고객에게서 세일즈를 배웠다

고객이 원하는 것을 말해주는 영업사원들은 결코 실패하지 않는다.
- 빌링스

세일즈를 하며 배운, 가장 쉬우면서도 어려운 것은 바로 '고객은 항상 중요하다'는 것이다. 우스갯소리로 한 명의 고객이 나를 잘되게는 못해도, 못되게는 할 수 있다고 말할 만큼 고객 한 명, 한 명에게 정성을 들이는 자세는 반드시 필요하다. 물론 모든 고객이 내 마음에 들 수는 없다. 고객에도 여러 유형이 있기 때문이다. 내가 세일즈를 하는 분야에서도 마찬가지다. 실제로 우리 회사 제품을 구매하는 최종 사용 고객도 있고, 제품을 판매하는 협력업체 분들도 있다. 갑을 관계를 떠나 양쪽 모두 소중한 나의 고객임에는 틀림이 없다. 분명한 것은 어떤 고객이라도 반드시 배울 점이 있다는 것이다

2013년 8월 어느 더운 여름날, 최종 사용 고객과 협력업체와 함께 진

행하는 미팅이 예정되어 있었다. 당시 최종 사용 고객이 실제 계약 일정보다 업무 처리가 많이 지연되고 있다며 급히 미팅을 요청했다. 그 고객은 메일과 전화로 업무 처리를 하는 것에 한계가 있다고 느꼈는지 담당 업무 관계자들을 모두 소집하여 한 번에 관련 사항을 논의하고 빨리 업무를 진행해나갔으면 했다. 가뜩이나 더운 날씨에 지연된 업무로 인해 잔뜩 짜증이 난 고객의 기분도 충분히 이해가 되었다.

나는 미팅 시간에 늦지 않게 도착해 근처 커피숍에 자리를 잡고 앉았다. 노트북을 켜고 업무를 처리하며 함께 미팅 할 협력업체 팀장님을 기다리고 있는데 갑자기 전화벨이 울렸다. 왠지 모를 불길함이 엄습했다. 아니나 다를까! "서 과장님, 차가 생각보다 많이 막혀 미팅 장소에 약속된 시간 내에 도착하기 힘들 것 같습니다"라고 협력업체 팀장님이 조심스럽게 말씀하셨다. 그러면서 약속 시간까지는 10분도 안 남았는데 약 20분 정도가 더 걸릴 것 같다며 나더러 먼저 미팅에 가 있으라고 했다.

전화를 끊고 미팅 장소로 가려다 고객이 가뜩이나 화나 있는데 담당자들이 함께 오지 않으면 더 짜증 내지 않을까 싶어 고민 끝에 협력업체 팀장님을 기다렸다가 함께 미팅 장소에 가기로 했다. 팀장님은 예상보다 조금 더 늦어 결국 약속 시간보다 약 30분 늦게 고객의 사무실에 들어섰다.

"당신들 뭐야! 지금이 몇 시야? 나를 이렇게 대해도 되는 거야?"

"안녕하세요, 저는 한국마……."

"조용히 해! 내가 누군지 알아? 나도 바쁜 사람이야! 이 사람들 안되겠네! 당신들 팀장이 누구야? 당장 전화해야겠어!"

"그게 아니라, 제 이야기 좀 들어봐 주실 수 있으세요?"

"됐어! 필요 없어! 꼴도 보기 싫으니 당장 나가!"

그 고객은 만나자마자 따지듯 소리쳤다. 미리 연락도 못하고 미팅 시간에 늦은 것은 나의 잘못이었다. 그렇다고 협력업체 팀장님이 늦었다며 핑계를 댈 수도 없는 상황이었다. 나는 무작정 미안하다며, 미처 연락 못해 죄송하다고 빌었다. 핑계를 대면 오히려 더 화를 돋울 것 같아 무작정 내가 다 잘못했다고 사정했다.

결국 화가 난 그 고객은 자리를 박차고 일어나 사무실 안쪽으로 가버렸다. 같이 미팅에 참석한 부하직원은 실장님이 시간 약속 안 지키는 것을 가장 싫어한다고 귀띔해주었다. 일이 더 잘못되기 전에 고객의 자리로 찾아가서 너무 죄송하다고, 다음부터는 이런 일이 없을 거라고 사정사정했다. 얼마 후 다소 흥분을 가라앉힌 그 고객은 미팅 룸으로 돌아왔고 그제야 업무와 관련된 이야기를 시작할 수 있었다. 예정보다 한 시간이 지난 뒤였다.

그 고객이나 협력업체 팀장님이나 모두 나에겐 소중한 고객이었다. 나는 고객의 꼬여 있는 업무도 빨리 해결해주고 싶었고, 약속 시간에 늦은 팀장님의 체면도 살려주고 싶었다. 하지만 양측 모두를 배려하려는 나의 의도가 오히려 문제를 더 꼬이게 만들어서 미팅은 엉망으로 끝이 나버렸다. 이미 속이 꼬일 대로 꼬인 그 고객은 미팅 시간 동안 계속해서 딴죽을 걸었고, 본인이 늦어 미팅이 이렇게 되었다고 생각한 협력업체 팀장님은 안절부절못하며 미팅에 집중을 못했기 때문이다.

핵심 내용에 대해서는 논의하지도 못하고 서로 의견만 교환하는 차원에서 미팅은 끝났고, 내가 기획했던 해당 계약 건은 결국 성사되지 못했다. 나는 너무나 괴로웠다. 선의의 마음으로 양측 모두를 배려하려 했던 나의 생각이 오히려 최악의 결과를 가져오리라고는 미처 생각도 못했다. 당시 그 미팅은 계약을 앞둔 고객의 문제를 해결해주기 위한 자리였다. 그런데 약속 시간을 가장 기본적인 예의로 생각하고 있던 고객의 심중을 간파하지 못한 탓에 일은 커지고 말았던 것이다. 고객 모두를 만족시키기는 힘들고, 고객의 상황에 맞게 각각 일 처리를 해야 한다는 것을 그제야 깨달았다. 특히 이해 당사자들이 많은 미팅일수록 일 처리의 우선순위를 명확히 해야 한다.

무일푼으로 시작해 미국에서 수백억 원대의 기업체를 키운, 《생각의 비밀》의 저자이자 김밥 파는 CEO로 알려진 김승호 씨는 '아들에게 주는 26가지 교훈'이라는 글로 유명해졌다. 그 글은 "약속 시간에 늦는 사람과는 사업을 하지 마라"는 구절로 시작한다. 그는 약속 시간에 번번이 늦는 동업자들에게 실망하고 나서 이런 교훈을 얻었다고 한다. 이를 깨달은 이후 시간 약속에 항상 충실하며 살아왔고, 수백만 달러짜리 사업 약속이나 미용사와의 약속이나 항상 같은 비중으로 존중해왔다고 한다.

그는 약속 시간에 안 나타나는 사람과 늦는 사람, 약속 시간을 급히 변경하는 사람에 대해 거의 같은 비중의 신용 점수를 주며, 어떤 분야에서 일을 하든 몸담고 있는 분야에서 성공하고 싶다면 약속 시간에 절대 늦지 말라고 강조한다. 서로가 정한 약속을 변경하지 말고, 특히 당일에는 절대 변경하지 말아야 한다고 충고한다. 그리고 이런 태도를 평생 유지해야 하며 이런 약속은 상사, 거래처, 미용사, 식당, 친구, 가족, 어린아이, 강좌, 공연장, 사교 모임 등 모든 일에 적용된다고 말한다.

"약속 시간을 안 지키는 세일즈맨과는 비즈니스를 하지 마라."

내가 고객에게서 배운 교훈이다. 그전까지 나는 나름 약속 시간을 잘 지키는 편이라고 생각했는데, 딱 한 번 약속 시간을 지키지 못한 것이 나에게 많은 변화를 가져왔다.

나는 '누구에게나 좋은 일'을 하는 것이 늘 최선이라고 생각했다. 하지만 그건 나만의 착각이었다. 누구에게나 좋은 일을 하려다가 오히려 가장 중요한 고객에 대한 배려를 게을리하게 된 것이다. 물론 고객의 성향에 따라 차가 막힐 수도 있다며 약속 시간에 다소 늦는 것을 관대하게 받아들이는 분들도 있다. 그렇지만 세일즈맨에게 있어서 가장 중요한 것 중 하나가 담당하고 있는 고객에 대해 잘 아는 것이다. 고객의 특성을 잘 모르고 접근한 것부터가 나의 실수였다.

그 사건 이후 나는 누구를 만나든 약속 시간을 철저히 지키려고 노력한다. 서울 시내에서 약속이 있을 때에는 행여 늦을까봐 대부분 지하철로 이동한다. 또 중요한 미팅이 있을 때에는 하루 전이나 늦어도 당일 오전에는 다시 한 번 약속 시간을 확인한다. 다행히 그 이후 약속 시간에 대해 그렇게 깐깐하게 대응하는 고객은 만난 적이 없다. 그만큼 나도 약속 시간을 철저히 지키고 준비하기 때문일 것이다.

아쉽게도 앞에서 이야기한 그 고객을 다시 만나지는 못했다. 그렇지만 여전히 그분께 감사한 마음을 갖고 있다. 가끔은 다시 한 번 만나 넉

살 좋게 웃으며 인사를 나누고 그때 왜 그렇게 화를 냈는지 묻고 싶기도 하다. 그 고객에게서 퍼펙트 세일즈의 기본을 배웠기 때문이다.

Lesson 3

고객은 항상 떠날 준비를 한다

고객을 만족시켜라. 맨 처음에도, 맨 나중에도, 그리고 항상.
- 루치아노 베네통

10년 연속 보험왕에 올랐던 《고객은 언제나 떠날 준비를 한다》의 저자 예영숙 전무는 이렇게 말했다.

"'한 번 고객은 평생 고객'이라는 말이 통하면 얼마나 좋을까? 그러나 직장마저도 평생직장으로 삼기가 쉽지 않은 시대에 고객이라고 한곳에 평생 머물러 있어주겠는가. 고객은 언제나 떠날 준비가 되어 있는 사람이다. 내일이라도, 아니 오늘 당장이라도, 내가 조금이라도 소홀하게 대하거나 서운함을 느끼게 하면 지체 없이 떠난다."

오래전부터 "고객은 왕이다"라는 말이 있어왔다. 어느 업종에서 일을 하든 고객을 섬기는 자세가 중요하다는 것을 강조하는 말이다. 세일즈맨은 고객에게 항상 최고의 서비스를 제공하려는 자세를 가져야 하고,

고객은 언제 어떻게 불만을 나타낼지 모르기에 항상 긴장하고 대응해야 한다는 뜻이기도 하다. 고객은 항상 함께해줄 것같이 이야기하지만 흔들리는 갈대처럼 마음이 쉽게 변한다. 모든 고객이 그렇지는 않겠지만 세일즈맨은 이런 고객도 있음을 충분히 인지하고 대비해야 한다.

다른 업계도 마찬가지겠지만 내가 일하고 있는 IT 업계 역시 경쟁이 치열하고, 하루가 다르게 많은 제품이나 서비스가 쏟아져 나온다. 그래서 이런 부분을 미리 파악해 고객들에게 보다 쉽게 알리기 위한 내부 교육이 많은 편이다.

그날도 여느 때와 마찬가지로 내부 직원을 대상으로 하는 교육이 있어 큰 미팅 룸에 모였다. 이런 교육은 대부분 본사나 지역 본부의 트레이닝을 받은 전문강사를 초빙해서 한다. 내부 직원이 직접 교육하는 것보다 전문적이고 객관적인 시각으로 교육을 진행할 수 있는 장점이 있기 때문이다.

당시 전문강사는 IT 업계 관련 경험도 풍부하고, 전문적인 지식도 충분히 갖추고 있는 분이었다. 또한 오랜 기간 전문강사로 활동한 경험을 바탕으로 어려운 신제품들도 굉장히 쉽게 이해할 수 있도록 설명해주어 직원들에게 인기가 많았다. 내부 교육은 다소 따분하고 지루하게 느껴져서 많은 직원들이 선호하지 않았지만 그분에게 받았던 교육은 즐거운 기억으로 남아 있어 기분 좋게 교육에 참석했다.

그날 교육은 다른 때와 달리 실습 위주로 진행되었다. 일방적인 주입식 교육이 아니라 내가 실제 세일즈맨이나 고객의 입장이 되어 설명해보고 들어보며 질문하는 일종의 롤 플레이 형태였다. 오전 교육은 새롭게 출시된 제품과 서비스에 대한 전반적인 설명으로 끝났다. 그런데 오후에 진행된 실습 교육부터 문제가 발생했다. 예전 같았으면 흩어져 있는 그룹별로 찾아다니며 꼼꼼히 지도와 코치를 해주었을 텐데 그날따라 일방적으로 교육 방향만 제시할 뿐이었다. 또 다른 바쁜 일이 있는지 본인의 업무를 보거나 교육과 상관없는 전화 통화를 자주 했다. 나뿐만 아니라 다른 직원들도 대부분 비슷한 생각을 했고, 평소와 다른 교육 방식에 다소 당황해하며 첫째 날 교육을 끝냈다. 이튿날 다시 진행된 교육에서도 강사 분은 전날과 다름없는 모습을 보였고, 내부 직원들은 직접적으로 표현하지는 못했지만 불만이 가득한 채 교육을 마쳤다.

회사에서는 교육이나 세미나가 있을 때마다 참석자들을 상대로 설문조사를 한다. 피드백을 받아 앞으로 더 나은 교육과 세미나를 만들기 위해서다. 그전까지는 그 강사 분의 교육에 대해 대부분 긍정적으로 답변했지만 그날 직원들은 굉장히 객관적으로 답을 했다. 그리고 그 이후로 다시는 그 강사 분을 만날 수 없었다. 고객이 정말 떠나버린 것이다.

앞에서 소개한 예영숙 전무는 같은 책에서 "이처럼 상품을 구입한 고객은 그것을 손에 쥔 순간부터 더 좋은 상품이나 서비스가 없는지 눈을 돌린다. 상품을 구입한 후에도 자의든 타의든 또 다른 상품 정보에 끊임없이 노출된다. 그래서 언제가 될지는 모르지만 경쟁력이 있는 회사나 담당자로 옮겨갈 준비를 하면서 그 기회를 기다린다. 어망 안에 든 고기는 신경을 쓰지 않아도 자신의 고기가 될지 모르지만 고객은 결코 그렇지 않다"라며 세일즈의 어려움을 말하기도 했다. 10년 연속 보험왕에 올랐던 예영숙 전무도 이처럼 고객을 어렵게 생각하고 언제든지 떠날 수 있다는 것을 염두에 두고 대비한다고 한다.

그 강사 분은 지금까지 충분히 좋은 교육을 진행해왔으므로 그 정도면 충분할 것으로 생각했을 것이다. 그렇지만 교육을 받는 입장에서는 다르게 생각했다. 그전까지 좋은 모습을 보였기에 이번에도 기대를 했지만 달라진 교육 서비스에 대부분 실망을 했던 것이다. 그렇다고 이를 고객의 잘못이라고 생각해서는 안 된다. 교육에 대한 고객의 이해가 부족했거나 고객에게 제대로 된 정보를 주지 못했을 수도 있기 때문이다. 이러한 경우 무엇이 문제인지 생각하고 재빨리 해답을 찾아야 하는데 그 강사 분은 아무런 조치도 취하지 않은 것이 문제였다.

한 손님이 "어제 산 달걀이 상했다!"며 반품을 요구했다. 그러나 주인은 "우리가 그런 달걀을 팔았을 리 없다"고 거절했다. 그러자 손님은 "내가 헛소리를 하겠어? 다시는 이 가게에 오나 봐라" 하며 화를 내고 나갔다. 그리고 그 가게는 손님을 무시하는 가게로 소문이 났고, 결국 문을 닫았다.

가게 주인은 분명 그 고객을 본 적이 없기 때문에 팔지 않았다고 이야기했을 것이다. 하지만 고객은 그렇게 사소한 것에도 격하게 반응한다. 사실 이렇게 불만을 표시하는 고객보다 아무런 말도 하지 않고 조용히 떠나는 경우가 더 무서운 법이다. 회사 교육 시간에도 강사 분의 부족한 부분에 대해 서로가 미리 이야기했더라면 충분히 교육 과정이 개선되었을 수도 있고, 다시 그 강사 분을 만날 수도 있었을 것이다. 그렇지만 대부분의 고객은 말없이 조용히 떠난다.

한 조사에 따르면 불만족을 느낀 고객 중 약 4%만 그 불만을 토로한다고 한다. 문제는 불만족스러운 대접을 받으면서도 말없이 떠나는 96%의 고객이다. 심지어 이들은 자신만 떠나는 것이 아니라 많은 사람들에게 불만을 표출하여 함께 떠나도록 만들기도 한다. 불만족스러운, 그러나 말이 없는 96% 고객의 마음을 읽어내는 것이 퍼펙트 세일즈를 위한 지름길이며, 고객 만족의 출발점이다.

훌륭한 세일즈맨이 되기 위해서는 고객이 떠날 만한 문제가 있지는 않은지 곰곰이 생각해봐야 한다. 또한 고객의 충성도를 높여 제품과 서비스에 대한 만족 이상의 집착을 이끌어내도록 노력해야 하며, 더불어 고객 만족의 질적인 측면도 고려해야 한다. 세일즈맨들이 하는 가장 심각한 오해 중 하나가 고객을 적당히 만족시키면 된다는 것이다. 그렇지만 고객을 완전히 만족시키지 못하면 결국 고객은 미련 없이 떠난다. 나를 떠나는 고객에게 특별한 이유는 없다. '우리의 고객은 항상 옳다'라고 생각하기 전에 '우리의 고객은 항상 떠날 수 있다'라고 생각하자. 고객이 떠난 세일즈는 의미가 없다. 세일즈가 존재하는 궁극적인 이유는 고객이 있기 때문이다.

Lesson 4

세일즈는 과학이다

우리에게 닥치기 쉬운 위험은 너무 높은 목표를 잡아서 실패하는 것이 아니라,
목표를 너무 낮게 잡아서 성공하는 것이다.
- 미켈란젤로

"침대는 가구가 아닙니다. 과학입니다"라는 유명한 광고 카피가 있다. 초등학교의 시험문제 중 가구가 아닌 것을 고르라고 했을 때 많은 학생들이 침대를 골랐다는 우스갯소리가 있을 만큼 유행했던 광고다. 최근에는 이 뒤에 "자봤으면 알 텐데!"라는 문구가 추가되었다. 그런데 이 내용이 비단 침대에만 해당하는 것은 아니다. 세일즈에도 동일하게 적용된다.

세일즈를 과학적으로 접근하기 위해 유념해야 할 몇 가지 핵심사항이 있다.

첫째, 세일즈를 할 대상이 누구인지 알고 있어야 한다. 세일즈를 처음 시작했을 때 무작정 '고객 방문하기' 일정을 잡았던 적이 있다. 고객의 시

간은 전혀 생각하지 않고 '내가 가면 만나주겠지!'라는 겁 없는 생각으로 무작정 고객을 찾아갔다. 하지만 결과는 비참했다. 열 명의 고객 중 실제로 만난 고객은 두 명도 채 되지 않았다. 예전처럼 일정을 확인하지 않고 찾아가는 세일즈는 더 이상 고객들이 선호하지 않는 것이다.

이후 주위 선배님들께 어떻게 하면 좋을지 자문을 구했다. 그때 한 선배가 웃는 얼굴로 영업비밀이라고 하며 엑셀파일 하나를 건네주었다. 그 파일을 여는 순간 '와! 나는 지금까지 정말 멍청하게 세일즈를 하고 있었구나!' 하는 생각이 들었다. 그 선배는 담당하는 모든 고객의 명단은 물론이고, 그중 핵심이 되는 고객에 대해서는 이름 및 직함, 사무실 및 개인 연락처, 어떻게 만났는지, 언제 만났는지, 어떤 내용의 미팅을 했는지, 앞으로는 어떤 이야기를 할 것인지 빼곡히 적어놓고 있었다. 내가 얼마나 세일즈를 쉽고 안일하게 생각했는지 저절로 반성하게 되었다.

아무 준비 없이 고객을 찾아가는 것은 총 없이 전쟁에 참가하는 것과 같다. 그때부터 나는 철저히 가망 고객 발굴을 위한 계획과 전략을 세웠다. 처음부터 가망 고객 발굴을 계획성 있게 실행하기 위해 가망 고객 파일, 기존 고객 파일, 업무 일지 등을 이용해 내가 어떤 일을 하는지 지속적으로 정리하고 파악했다.

그간의 경험에 비추어보면 다음 달에 다섯 건의 계약을 성공시키기 위해서는 최소 15명의 가망 고객이 있어야 했다. 나는 새롭게 발굴할 고객의 리스트를 확보하고 미리 전화해서 사전 미팅 약속을 잡았다. 그리고 최소 일주일 전에 고객의 일정을 확인하고 움직였다. 그러자 미리미리 준비하지 않을 때와 달리 열 번 중 여덟 번 이상은 고객을 만날 수 있었고, 이는 성공적인 계약으로 이어졌다. 나는 그때의 경험을 바탕으로 고객과의 만남을 준비하는 일을 지금도 게을리하지 않고 있다.

둘째, 어떤 제품이나 서비스를 고객에게 제공할 것인지 명확히 정해야 한다. 고객이 선택할 수 있는 제품이나 서비스는 수도 없이 많고, 지금 이 순간에도 경쟁자들은 끊임없이 생겨나고 있다. 그렇지만 그중에서도 고객의 선택을 받는 제품이나 서비스는 반드시 존재하며, 그 주인공은 당신이 되어야 한다. 퍼펙트 세일즈를 위해서는 어떤 고객층에 어떤 메시지로 제품을 제공할 것인지 치밀하게 계획을 세워야 한다.

무라마츠 다츠오의 《고객의 80%는 비싸도 구매한다!》라는 책에서 어느 생태학자가 발견한 '2-6-2의 법칙'에 대한 이야기를 읽은 적이 있다. 생태학자가 개미를 유심히 관찰해봤더니 매우 열심히 일하는 개미가 20%, 그럭저럭 일하는 개미가 60%, 게으름을 피우며 빈둥대는 개미가 20% 정도였다는 것이다. 그리고 열심히 일하는 20%도 '매우 열심히'가 20%, '그런대로 열심히'가 60%, '덜 열심히'가 20%로 다시 나뉘었다고 한다. 그래서 그 생태학자는 이 현상을 '2-6-2 법칙'이라고 명명하고 인간 사에도 이 법칙이 적용된다고 주장했다. 그런데 이는 세일즈에서도 동일하게 발견된다.

고객이 물건을 사지 않는 이유는 '돈이 없어서'가 아니다. '돈을 어디에 사용할지 몰라서'다. 만약 고객이 "예산이 없어요", "이번에는 쓸 비용을 확보 못했어요"라고 말했다면 다시 한 번 생각해봐야 한다. 고객은 아무리 회삿돈으로 구매한다고 하더라도 필요 없는 상품, 끌리지 않는 제품에는 돈을 쓰지 않는다. 예산이 많든 적든, 비용이 충분하든 부족하든 고객이 '그 물건을 꼭 사야겠다'고 생각하도록 알맞은 제품이나 서비스를 제공해야 한다.

내가 교육기관을 상대로 세일즈를 할 때 가장 판매하기 힘든 제품 중 하나가 데이터베이스 관련 제품이었다. 경쟁사 제품이 이미 교육기관 시장을 80% 이상 장악하고 있었고, 경쟁사 제품으로 충분히 IT 인프라 관리가 가능했기 때문이다. 그리고 결정적으로 이미 상당한 예산을 투입해 구입한 제품을 새로운 제품으로 바꾸는 것은 고객의 입장에서 불필요한 일이었다. 그러던 중 '개인정보보호법'이 시행됨에 따라 교육기관들이 별도의 데이터베이스를 구축해야 한다는 규정이 생겨났다. 나는 '이거다!' 싶었다. 우리 회사에서 판매하는 제품이, 교육기관들이 상대적으로 적은 비용을 투자해 관련 규정을 충분히 충족시킬 수 있는 제품이었기 때문이다. 우리는 관련 협력업체와 대대적으로 홍보하며 고객 유치에 열을 올렸고, 그 결과 약 50여 개의 교육기관에 우리 제품을 판매하는 성과를 거둘 수 있었다. 그전까지 거들떠보지도 않던 교육기관에서 비싼 경쟁사의 제품보다 상대적으로 저렴한 우리 제품을 많이 찾았던 것이다.

여전히 교육기관 시장에서 내가 담당했던 제품은 열세다. 그렇지만 당시에는 고객별 맞춤화 비용을 최소화하고, 다양한 고객의 요구를 만족시키는 제품과 서비스를 제공했던 것이 유효했다. 이처럼 항상 시장 상황과 세일즈 환경을 주시하며 어떤 제품이나 서비스를 신규 고객에게 제공할 것인지 살펴볼 필요가 있다.

셋째, 고객이 어떤 때 내가 제공하는 제품 또는 서비스를 가장 필요로 하는지 알아야 한다. '고객이 내가 판매하는 제품이나 서비스를 가장 필요로 하는 시기가 언제인지 알고 있는가, 아니면 이러한 시점을 알 수 있는 특별한 사건이 있는가?'라는 질문을 스스로에게 계속 해야 한다.

내가 판매하는 제품의 새로운 버전이 나왔다고 고객이 무조건 좋아할까? 그렇지 않다. 고객은 현재 사용하고 있는 제품을 가장 선호한다. 그럼에도 고객이 새로운 제품을 필요로 할 때는 언제일까? 가장 쉬운 예로 고객이 예산을 편성하는 시즌에 맞춰 세일즈를 하는 방법이 있다.

교육기관의 경우 1년의 예산 편성을 대부분 그전 해의 10월이나 11월에 한다. 해당 시기에 고객의 내년도 사업 계획을 같이 세울 수 있으면 가장 좋은 세일즈다. 그렇지 않다면 차선으로 "신규 교직원들에게 새로운 소프트웨어를 사용하게 해보는 것은 어떠세요? 반응이 괜찮으면 이후에 업그레이드하시는 것도 고려할 수 있습니다"라는 방식으로 고객에게 세일즈 메시지를 전달하는 것도 좋다. 그러면 고객은 부담을 덜 느끼면서 본인이 컨트롤할 수 있는 범위 내에서 예산 편성을 진행한다. 물론 경쟁사들도 동일한 세일즈 활동을 하기 때문에 선제적 대응은 반드시 필요하다.

전설적인 자동차 세일즈맨 '우탁' 씨가 있다. 그의 본명은 원래 우성수였다. 그는 부모님이 지어주신 이름을 주요 타깃층인 택시기사들에게 알릴 수 있는 방법이 없을까 고민하다 선조 중 한 분의 이름이 우탁이라는 것을 발견하고 이름을 우탁으로 바꾸었다. 이름 뒤에 씨를 붙이면 '우탁 씨'가 되고 성을 빼고 부르면 탁 씨(택시)가 되기 때문이다. 그의 이름은 고객이 필요로 할 때 기억하는 데 큰 도움이 되었고, 그는 이후 보다 성공적인 세일즈 가도를 달릴 수 있었다. 그만큼 내가 제공하는 세일즈가 고객에게 언제 필요한지 우리는 항상 주의 깊게 살펴야 한다.

일찍이 에디슨은, "천재는 1%의 영감과 99%의 노력의 산물"이라고 말했다. 저절로 이루어지는 것은 아무것도 없다. 특히 세일즈는 더더욱 그렇다. 세일즈도 무작정 덤비는 것이 아니라 과학적인 접근이 필요하다. 고객이 누구인지who, 고객이 무엇을 필요로 하는지what, 고객이 언제 필요로 하는지when를 파악하고 세일즈를 하자. 그러면 기본은 한다. 세일즈는 그렇게 어렵지 않은 과학이다.

Lesson 5

어떻게 세일즈를 할 것인가?

지식정보화 사회에 있어 세일즈 능력, 즉 무엇인가를 팔 수 있는 능력은 모든 지식노동자의 두드러진 특징이다.
- 피터 드러커

흔히 인생은 선택의 연속이라고 한다. 다만 탄생과 죽음만은 우리 손에 달려 있지 않다. 인생과 비슷하게 세일즈의 모든 과정도 나 자신에 의해 좌우되며 내가 선택한다. 세일즈를 하다 보면 자칫 순간의 잘못된 선택으로 인해 나락으로 떨어질 수도 있다. 반대로 나에게 맞는 적성과 분야와 고객을 잘 선택하면 성공에 그만큼 가까워진다. 그래서 세일즈에서도 선택이 중요하며, 어떻게 세일즈를 할 것인지 모두가 고민을 한다.

세일즈를 하다 보면 행운도 만나고, 숙제도 만나고, 역경도 만나고, 비운도 맛본다. 그럴 때마다 어떻게 극복하느냐에 따라 세일즈가 180도 달라진다. 이러한 선택의 집합이 곧 세일즈다. 따라서 어떻게 세일즈를 할 것인가 하는 것은 굉장히 중요한 문제다.

어떻게 세일즈를 할 것인지 구상하기에 앞서 갖춰야 할 마음가짐이 세 가지 있다. 바로 '초심', '진심', '열심'이다. 단순히 많은 고객을 만났다고 해서, 그 고객들과 많은 시간을 보냈다고 해서, 누구보다도 풍부한 인적 네트워크를 가졌다고 해서 원하는 세일즈 결과를 얻을 수 있는 것은 아니다. 세일즈는 때로는 실패하고 부서지지만, 때로는 딛고 올라서는 과정의 연속이다. 영국의 역사가 토인비의 표현을 빌리자면 "모든 세일즈는 역경과 고난을 딛고 올라서는 과정에서 생긴 부산물"이다.

캐나다의 작은 요가 브랜드로 출발한 '룰루레몬'은 한때 '요가복 업계의 샤넬'이라 불리며 성공적인 길을 걸었다. 2007년에는 주식시장에 상장도 했다. 그러나 룰루레몬은 당장의 이익에 눈이 멀어 '초심'을 잃고 말았다. 고객의 이익을 최우선으로 생각하는 이미지로 성공한 브랜드가 자신들의 이익을 위해 고객의 신뢰를 저버리는 실수를 저지른 것이다. 이렇듯 초심을 잃어버리면 공들여 쌓아온 명성이 한순간에 무너지기도 한다.

세일즈를 할 때 가장 경계해야 할 것이 바로 '초심'을 잃는 것이다. 고객에게서 "저 친구, 이번에 계약하더니 연락도 한 번 없고! 쯧쯧, 사람이 변했어!"라든가 "어떻게 처음에는 모든 것을 다해줄 것처럼 행동하더니 한순간에 확 달라질 수가 있어요!"라는 이야기를 들었다면 위기의식을 가져야 한다.

세일즈는 고객을 위해 존재한다. 만약 초심을 망각해버린다면 그 순간 고객의 마음은 당신을 떠나게 될 것이다. 세일즈를 하는 한 절대로 초심을 잃지 않도록 노력해야 한다. 물론 오랫동안 세일즈를 하면서 초심을 유지하기란 쉬운 일이 아니다. 처음에 마음을 단단히 다지고 세일즈를 시작했어도 업무량이 많아 바쁘다거나 다른 급한 일이 생기거나 하면 초심을 잃고 고객의 신뢰에 반하는 행동을 할 수 있다. 하지만 고객에게 신뢰를 주기 위해서는 그 어떤 상황에서도 초심을 잃어버리지 않도록 노력해야 한다. 초심을 잃지 않았다면 당신은 이미 성공한 사람이다. 세일즈를 시작할 때 고객을 만나며 다졌던 초심이 변하지 않도록 노력하자.

다니엘 핑크의 저서 《새로운 미래가 온다》를 보면 미래 인재의 여섯 가지 조건에 대해 설명하고 있는데, 그중 하나가 '공감'이라고 한다. 여기서 공감이란 처음에 가졌던 마음, 즉 초심이 변하지 않고 지속되도록 만드는 능력을 말한다. 서로 목적이 다른 세일즈맨과 고객의 관계로 만나긴 했지만, 초심을 잃지 않고 종합적인 분석을 통해 공감하는 세일즈맨의 태도를 유지할 필요가 있다.

또 세일즈를 할 때에는 팔고자 하는 사람의 '진심'을 전달해야 한다. 나는 얼마 전 아내와 함께 맛집으로 유명한 레스토랑을 방문했다. 둘만의 중요한 기념일에 괜찮은 장소에서 함께 맛있는 음식을 먹고 싶었기 때문이다. 각종 인터넷 사이트나 블로그 등을 통해 추천 메뉴를 확인했지만 우리는 직접 메뉴를 고르지 않고 종업원에게 우리의 특별한 기념일을 축하할 수 있는 메뉴를 추천해달라고 요청했다. 그러자 종업원은 "아! 오늘이 두 분의 특별한 날이군요. 그럼 이 메뉴는 어떠세요? 저희 레스토랑 사장님이 직접 만드시는 요리인데, 저희만의 독특한 방법으로 요리해 특별한 맛을 냅니다. 다른 손님들의 평가도 아주 좋아서 저는 두 분과 같은 케이스라면 이 메뉴를 추천해드립니다"라며 자세하고 친절하게 설명해주었다. 그는 진심을 다했고, 자신감이 넘치는 태도였다. 설명을 듣기만 해도 맛있는 요리가 떠올라 군침이 돌았다. 우리는 주저 없이 추천해준 메뉴를 주문했고, 예상했던 대로 훌륭한 요리를 맛볼 수 있었다.

또 한 번은 친구들과의 모임을 위해 간 패밀리 레스토랑에서도 같은 방법으로 요리를 추천해달라고 했다. 종업원은 "저희 레스토랑은 지금 이런 행사를 준비 중이라서 A메뉴를 추천해드립니다"라며 말을 짧게 끝내고 돌아섰다. 물론 일반 레스토랑과 패밀리 레스토랑의 업태가 다른 건 사실이다. 그럼에도 불구하고 두 가지 사례를 비교한 것은 진심이 담긴 태도가 고객의 마음을 움직인다는 것을 보여주기 위해서다. 아무리 좋은 상품이나 서비스를 제공해도 고객에게 어떻게 대하느냐에 따라 느낌은 달라진다. 누구나 자신이 판매하는 제품이나 서비스를 진심으로 사랑하고 그것을 고객에게 진심으로 전달한다면 훨씬 나은 결과를 얻을 수 있을 것이다.

끝으로 세상에 하나밖에 없는 세일즈를 하기 위해 우리는 '열심'히 해야 한다. 오래전 힘든 빨래를 다 하고 두 손을 번쩍 들어 "빨래 끝!"이라고 외치는 광고를 보고 힘든 일을 끝냈을 때의 후련함과 여유가 느껴진 적이 있다. 그렇지만 현실적으로는 빨래를 하는 것도 중요하지만 그 빨래를 정리하고 이를 다시 잘 사용할 수 있도록 보관하는 데 손이 더 많이 간다. 세일즈도 마찬가지다. 세일즈를 성공시켜 계약을 완료하고 판매가 종결되었다고 모든 것이 끝났다는 생각으로 뒤도 돌아보지 않는 경우가 있는데 세일즈가 끝났다는 것은 또 다른 관계의 시작을 의미한다.

고객이 나에게 온 이유는 경쟁자의 가격이나 제품보다 더 좋다고 느꼈기 때문일 수도 있다. 그런데 새로운 경쟁자가 나타나서 더 좋은 서비스와 더 많은 배려와 관심을 쏟아부으며 고객의 요구에 더 열심히 귀 기울이고 고객에게 더 열심히 세일즈를 한다고 생각해보자. 우리도 가만히 있을 수는 없지 않은가. 어렵게 확보한 고객을 다시 빼앗기지 않기 위해서 전력을 다해야 한다.

내가 결혼 전에 구애할 때에는 간도, 쓸개도 다 빼줄 것처럼 모든 것을 열심히 하더니 결혼 후에는 그러지 않는다며 아내가 서운함을 드러낼 때가 있다. 고객도 마찬가지다. 세일즈를 성공시킨 뒤에도 고객과의 관계를 꾸준히 유지하고, 최신 정보도 제공해주며 섭섭함을 느끼지 않도록 노력해야 한다. 그래야 고객은 당신을 신뢰하고 끝까지 함께할 수 있는 세일즈맨으로 인식하게 될 것이다.

망망대해에 떠 있는 돛단배는 강풍으로 인해 더 빨리 갈 수도 있고, 때로는 강풍 때문에 침몰할 수도 있다. 세일즈 또한 항해와 같다. 세일즈를 어떻게 하느냐에 따라 자신을 성장시킬 수도 있고, 반대의 경우로 이끌 수도 있다. 앞에서 언급한 세 가지 마음가짐을 끝까지 잊지 않고 유념한다면 더 큰 그릇을 가진 퍼펙트 세일즈맨이 될 수 있을 것이다.

Lesson 6

기회는 단 한 번뿐이다

고객과 만나는 15초 동안에 기업의 운명이 결정된다.
- 안 칼슨

회사에 입사하고서 1년여의 시간 동안 나는 그야말로 정신없이 바쁜 나날을 보냈다. 처음에는 낯설고 당황스럽기까지 하던 회사의 제품과 서비스에 대해 열심히 공부하며 차츰 자신감이 생겼다. 그 후부터는 누구를 만나더라도 회사의 새롭게 출시된 제품과 서비스가 어떻게 좋은지 충분히 설명할 수 있게 되었다. 그리고 고객을 직접 만나며 스스로 많은 세일즈 기회를 찾게 되었다.

"서 대리님, ○○대학 P교수입니다. 잘 지내시죠?"

"네, 안녕하세요, P교수님. 연락 주셔서 감사합니다."

"지난번에 와서 설명해주었던 신제품이 꽤 괜찮은 것 같아 동료 교수들에게 알려줬는데 반응이 괜찮네요."

"아, 네, 감사합니다."

"그래서 말인데 혹시 이번 주 중에 와서 동료 교수들에게 자세하게 한 번 더 설명해줄 수 있나요? 내가 설명해보려고 했는데 디테일한 부분은 서 대리님만큼 잘 설명하지 못하겠더라고요."

"네, 물론입니다. 그럼 이번 주 목요일 오후 2시까지 찾아봬도 될까요?"

"그래요, 그럼 그때 봐요."

"네, 고맙습니다. 목요일에 뵙겠습니다."

전화를 받으면서도 나는 굉장히 놀랐다. 당시 세일즈를 담당하고 있던 대학교의 교수님들이 먼저 연락을 해주는 경우는 거의 없었기 때문이다. 대학교를 상대로 세일즈를 할 때 만나는 고객은 크게 두 부류로 나뉜다. 학교 전산 전반을 책임지는 전산 관련 부서 담당자와 전산 관련 교수님들. 그중에서도 대부분 전산 관련 부서와의 미팅이나 협력이 많은 편이다. 전산 관련 부서에서 교내에 필요한 소프트웨어를 구매해 이를 학과에 배포하면 교수님들도 사용하게 되기 때문이다. 이런 이유로 교수님들과는 특별히 만날 기회가 많지 않았다. 그런데 신제품에 대해 공부하며 자신감이 생겨 새로운 세일즈 기회를 창출하기 위해 교수님을 만날 기회를 찾던 중 먼저 연락이 온 것이었다.

흔치 않은 기회인 만큼 나는 꼼꼼하게 준비하고 약간 들뜬 마음으로 약속 시간에 맞춰 학교로 갔다. 그리고 약속한 대로 교수님은 동료 교수님을 부르셨다. 한 번 설명했던 내용이라 이야기가 술술 잘 풀리고 있었는데, 도중에 갑자기 동료 교수님이 "잠깐만요!" 하고 외치셨다. 나는 영문을 몰라 어리둥절했다. 그런데 "내용이 정말 좋은 것 같으니 우리 과 교수님들을 모두 불러 같이 들읍시다"라며 다른 교수님들을 모으기 위해 약 30분만 기다려달라는 것이었다. 당시 학과장이었던 그 교수님은 이런 기회가 흔치 않으니 다른 교수님들과 같이 들어보는 것이 좋겠다고 했다. 장소도 큰 세미나실로 옮겼고, 설명도 프레젠테이션 방식으로 바뀌었다.

마침 미팅 시간이 공강 시간과 겹쳐 많은 교수님들이 모였다. 생각보다 많은 분들이 모여 다소 당황했지만 나는 티 내지 않고 발표를 시작했다. 그런데 처음부터 꼬이기 시작했다. 청중이 많아진 만큼 생각지도 못했던 질문들이 쏟아졌다. 하나씩 차근차근 대답을 했지만 결국 내가 준비해간 밑천은 금방 드러났다. 그렇게 급조된 프레젠테이션은 약 10분도 되지 않아 허무하게 끝이 났다.

"쯧쯧, 저래서 무슨 세일즈를 한다고 여기까지 온 거야. 괜히 왔네."

세미나실을 나서는 교수님들 중 한 분이 혼잣말로 하시는 말씀이 나에게 또렷이 들렸다. 충격이었다. '내가 지난 1년 동안 공부한 것이 이것밖에 되지 않았나?', '내가 이 정도밖에 되지 않았나?' 하는 자괴감이 몰려왔다. 나를 불렀던 교수님도 약간 한심하다는 눈빛으로 "서 대리님, 그럼 다음에 봅시다" 하며 서둘러 세미나실을 떠났다. 홀로 서 있는 세미나실이 마치 암흑과 같이 느껴졌다. 내가 얼마나 자만했는지, 얼마나 준비를 못했는지에 대한 후회가 밀려오면서 나 자신에게 너무나 화가 났다. 하지만 내가 할 수 있는 일은 아무것도 없었다. 나는 그렇게 단 한 번의 기회를 날려버렸다.

대부분의 세일즈맨들은 세일즈 기회를 가져다줄 잠재고객을 항상 물색한다. 《누구에게나 최고의 하루가 있다》의 저자이자 유명한 세일즈맨 조 지라드에게는 세일즈 기회를 찾는 자신만의 방식이 있다고 한다. 그는 업무 시간 후 헬스클럽에 자주 들르는데 라커룸에서도, 사우나실에서도, 장소에 개의치 않고 자신이 누구인지 자랑스럽게 소개한다고 한다. 또 그곳에서 일하는 사람이든 마사지하는 사람이든 마주칠 때마다 자신이 어떤 일을 하고 있는지 알린 후 여러 장의 명함을 건넨다고 한다. 이들이 그의 핵심고객은 아닐지언정 언제 올지 모르는 세일즈 기회를 항상 주시해야 한다고 생각하기 때문이다. 그와 같이 어떤 곳에서든 어떤 사람에게서든, 예상치 못한 곳에서 세일즈 기회가 찾아올 수 있음을 우리는 명심해야 한다.

"기회는 단 한 번뿐이다", "위기는 기회다"라는 말을 흔히 한다. 그런데 나는 예상치 못한 세일즈 기회를 눈앞에서 놓쳤다. 너무나도 아쉬웠지만 내가 더 이상 할 수 있는 것은 없었다. 다만 둘도 없는 기회를 놓쳤다고 후회만 하기보다는 어떻게 하면 그런 기회를 놓치지 않고 실수를 반복하지 않을까 고민했다. 그리고 그때부터 나만의 '세일즈 기회 놓치지 않기' 프로젝트를 시작했다. 나와 잠재고객에게 도움이 될 거라는 생각에 시작한 이 프로젝트는 특별하고 거창한 것이 아니다. 그저 엑셀을 기반으로 세일즈 기회 표를 만든 것이 전부다.

나는 현재의 고객뿐 아니라 과거의 고객, 그리고 나와의 관계를 한번에 볼 수 있도록 표를 만들었다. 현재의 세일즈 기회를 주별, 월별, 분기별, 반기별로 나누어 정리했고, 기억을 더듬어 지난 1년여간 놓쳤던 세일즈 기회 내용도 정리했다. 이 표는 사무실 책상에 붙여놓고 매일 들여다보며 지내고 있다.

물론 세일즈 기회표가 세일즈 기회 자체를 제공해주는 것은 아니다. 하지만 그동안 놓쳤던 세일즈 기회들을 다시 한 번 되짚어보는 것만으로도 앞으로 내가 무엇을 준비해야 할지 알 수 있고 이를 통해 다가올 기회를 놓치지 않을 수 있다.

고객에게 필요한 것이 무엇인지 제대로 파악하는 것은 세일즈맨의 첫 번째 철칙이다. 세일즈맨이라면 누구에게나 작은 기회부터 큰 기회까지 수시로 찾아오는데, 그것이 얼마나 중요하고 소중한 기회인지조차 모르고 놓치는 경우가 많다. 기회는 모든 세일즈맨에게 찾아오지만, 그 기회를 놓치지 않는 것은 세일즈맨의 역량에 달려 있다. 그 기회를 놓치지 않기 위해 미리 준비하는 습관을 기르자. 기회라는 손님은 준비된 사람에게만 초인종을 울린다. 그리고 결정적인 기회는 단 한 번뿐이다.

Lesson 7

남들과 다른, 차별화된 세일즈를 하라

고객은 항상 새로운 것을 원하고 자신을 남과 비교함으로써
상대적 만족을 얻으려 하고 있다.
- 앤드류 카네기

"경쟁자를 제치고 최고의 세일즈맨이 되려면 차별화하라."

세계적인 세일즈의 대가 제프리 지토머는 이렇게 말했다.

세일즈를 하면서 가장 중요하고도 어려운 일 중 하나는 어떻게 하면 고객에게 보다 효과적으로 어필할 것인가 하는 것이다. 고객들이 자세히 보지 않으면 구별하기 어려울 만큼 비슷한 제품과 서비스를 제공하는 세일즈맨을 모두 만날 수는 없는 일이다. 그래서 우리는 차별화된 세일즈를 하기 위해 다양한 고민을 해야 한다.

내부 회의시간 중에도, 이동 중에도, 고객을 만날 때에도 '뭐 더 나은 아이디어 없을까?', '어떻게 하면 좀 더 세일즈를 잘할 수 있을까?' 항상 생각해야 한다. 고객에게 세상에 단 하나밖에 없는 세일즈맨으로 비춰

지기 위해 끊임없이 생각하다 가끔은 밤을 지샐 수도 있을 것이다. 그런데 고객은 어지간해서는 절대 움직이지 않는다. 설령 세상을 발칵 뒤집어놓을 만큼 특별한 제품이나 서비스가 나온다고 해도 그와 비슷한 것들은 얼마든지 있기 때문이다. 그럼에도 고객의 마음을 사로잡는 세일즈맨은 분명 존재한다. 그렇다면 어떻게 해야 이 치열한 생존 경쟁에서 살아남을 수 있을까? 또 어떻게 해야 나를 좀 더 고객에게 각인시킬 수 있을까?

2005년, 대학교 4학년 여름방학 때 나는 지금 다니고 있는 회사의 인턴사원이었다. 2개월간 진행되었던 인턴 기간 동안 가장 큰 과제이자 부담이 되었던 것은 내가 선정한 주제에 대해 프레젠테이션을 하는 미션이었다. 인턴 기간 마지막 주에 진행된 프레젠테이션은 각각 30분이 주어졌다. 다른 인턴들과 인턴들의 멘토들, 그리고 회사의 주요 임원 분들 앞에서 발표를 해야 하는 만큼 모든 인턴들에게는 큰 부담이 되었다. 특히 당시 인턴이 20명이었는데 정식 채용은 10명 정도만 할 예정이라는 소식이 들렸기 때문에 그 프레젠테이션은 굉장히 중요한 숙제이자 관문이었다.

주제 선정과 발표 내용 준비를 혼자 하지는 않았다. 나를 비롯한 모든 인턴들은 배정된 팀의 선배들에게 십시일반 도움을 받았다. 특히 각각의 인턴들에게 한 명씩 배정된 멘토를 통해 많은 정보를 얻으며 프레젠테이션 준비를 할 수 있었다.

나의 멘토는 처음에 업무도 바쁜데 혹이 하나 더 늘었다며 툴툴댔다.

그렇지만 나에게는 그분이 가장 필요한 존재였다. 그래서 '어떻게 하면 그분에게 더 나은 사람으로 보일 수 있을까?' 고민하기 시작했다. 정직원 채용은 나중 문제이고, 일단 멘토와 가까워지고 친해져야 인턴 기간 동안 많은 도움을 받으며 잘 지낼 수 있을 거라 생각했다.

내가 가장 먼저 한 일은 근태를 잘 지키는 것이었다. 회사는 내·외부의 많은 업무 미팅으로 매니저 재량에 따라 근태가 다소 자유로운 분위기였다. 하지만 나는 그런 상황에 아랑곳하지 않고 기본적인 출근 시간과 퇴근 시간은 반드시 지켰다. 정해진 시간보다 출근은 30분 빨리 했고, 퇴근은 30분 정도 늦게 했다. 특히 회식이 있어 늦게 끝난 다음 날에는 오히려 더 일찍 출근했다. 어떤 환경에서도 기본은 지키는 사람으로 보이고 싶었기 때문이다. 다행히 한 달 정도 기본 출퇴근 시간을 잘 지키다 보니 자연스럽게 나는 성실한 이미지의 인턴으로 각인되었다. 다른 부서원들도 어쨌든 내가 출퇴근 시간만큼은 잘지키는 것으로 여겨 팀원들과 멘토에게 좋게 이야기를 해주었다. 그렇게 멘토에게 나의 긍정적인 인상 1포인트를 올리게 되었다.

다음으로 나는 회사 내에서 누구를 만나더라도 "안녕하십니까, 서명식 인턴입니다!" 하고 인사를 했다. 나는 인턴이라도 2개월 동안은 회사에 소속된 직원이라고 생각했다. 그래서 누구를 만나든 인사를 하는 것이 맞다고 생각했다. 내가 회사에서 나이가 가장 어렸고, 아는 사람도 전혀 없었기에 처음 보는 분들께는 무조건 인사를 했다. 물론 처음에는 나도 쑥스럽고 부끄러웠다. 그러나 차차 적응해나갔다.

나중에야 안 사실이지만 회사에는 외부 손님이 굉장히 많이 오는 편이었다. 나는 그런 것도 모르고 회사에 있는 분들은 모두 직원이라 생각하고 인사를 했다. 그런데 그것이 오히려 더 긍정적인 반응을 가져왔다. 인사성 밝은 인턴이 있다는 소문이 났고, 그 이야기는 부서 본부장님이나 인사부에까지 전달되었다. 어른들은 결코 인사 잘하는 어린 친구를 싫어하지 않는다. 그저 멀뚱멀뚱 먼 산 보듯 지나가는 것보다 잘 몰라도 인사를 하는 사람을 더 좋아한다. 그렇게 부지런히 인사를 했던 것이 의도하지는 않았지만 인턴 이후 채용되는 데 약간의 차별화 요소가 되었을 것이라는 생각이 든다.

마지막으로 내가 시도했던 가장 큰 차별화 전략은 인턴 기간의 하이라이트인 프레젠테이션 시간 때 빛을 발했다. 두 달여의 인턴 기간 동안 자료를 모으고 정리하는 일은 크게 어렵지 않았다. 내가 준비한 주제는 '유비쿼터스 도시 프로젝트Ubiquitous City Project'였다. 당시 유행하던, 언제 어디서나 편리하게 컴퓨터 자원을 활용할 수 있도록 현실 세계와 가상 세계를 결합시킨 유비쿼터스에 회사의 IT 기술을 접목시켜 보다 나은 삶의 질을 시민에게 제공할 수 있는 비전을 보여주는 내용이었다. 멘토의 도움으로 선도 기술을 가지고 있던 회사의 담당자도 만나 다양한 시각으로 준비를 했다. 또한 회사 내의 다른 지역에서 미리 진행한 자료도 참고하면서 나름 준비를 철저히 했다. 그럼에도 불구하고 2% 부족하다고 생각되었는지 멘토는 급기야 인턴 과제 발표를 앞둔 주말에 최종 리뷰를 하자고 했다.

멘토의 친한 동료까지 일요일 오후 회사 미팅 룸에 모였다. 준비한 내용을 발표하는데 두 분의 표정이 좋지 않았다. 이유는 두 가지였다. 말투에 사투리가 섞여 있어 듣기가 다소 거북하다는 것과 내용이 다소 어렵다는 것이었다. 당장 내일이 발표인데 주제를 바꿀 수도 없고, 하루 만에 사투리를 고치는 것도 현실적으로 불가능했다. 모두가 고민을 하던 중 멘토가 한 가지 제안을 했다.

"명식아, 그냥 영어로 발표해버리자!"

갑자기 영어로 발표를 하자니, 어안이 벙벙했다. '외국인도 없는데 왜 영어로 하지?'라고 생각하고 있는데 멘토가 이유를 설명해주었다. 광고회사 출신인 멘토의 말에 따르면 프레젠테이션은 임팩트가 있어야 하고, 다른 사람과 차별화된 점을 보여주어야 한다고 했다. 특히 마지막 프레젠테이션에서는 "와! 저 인턴, 준비 꽤나 했네!"라는 이야기가 나와야 하는데 지금으로서는 청중을 그렇게 놀라게 할 정도가 아니라고 했다. 오히려 아무도 생각하지 못한 영어로 발표를 하면 모두가 놀라 집중을 하게 되고, 사투리로 인한 거부감도 많이 줄일 수 있다고 덧붙여 이야기했다. 나에게는 다른 선택권이 없었다. '과연 될까?'라고 생각하는 것도 시간 낭비였다. 나는 밤을 새워 영어 스크립트를 쓰고 외우고 또 외웠다. 그리고 다음 날 아침 떨리는 마음으로 발표를 시작했다.

"Let me introduce myself. My name is Myung Sik Seo"라고 이야기하는 순간 청중들이 모두 '웬 영어?'라는 표정을 지으며 당황하는 것이 보였다. 나는 상관 않고 발표를 계속 했고, 어떻게 시간이 갔는지도 모를 정도로 30분은 금방 흘렀다. 끝날 때 모두가 박수를 치며 격려해주는 것을 보니 내가 발표를 어쨌든 끝냈구나 하는 생각이 들면서 동시에 영어로 하길 잘했다는 생각이 들었다.

내 영어 발음이 좋았다거나 프레젠테이션을 훌륭하게 했다는 것은 절대 아니다. 하지만 영어 발표는 아무도 생각지 못했던 것인 만큼 모두의 관심을 사로잡기에 충분했다. 특히 영어도 잘 못하는 것처럼 보이는데 영어 발표를 시도한 것 자체를 모두 좋게 봐주신 듯했다. 이후 회사에서는 인턴 발표를 영어로 한 친구가 있다는 소문이 났고, 나는 졸지에 유명 인사가 되었다. 영어 발표가 결정적인 역할을 한 것은 아니었겠지만 어쨌든 나는 인턴 과정이 끝나고 무사히 정직원으로 채용되었다.

차별화라는 것은 특별한 것이 아니다. 누구나 생각할 수 있지만 시도하지 않는 것을 하는 것이다. 더 좋은 것이 아니라 다른 것을 하는 것이다. 프레젠테이션을 영어로 한 것이 내가 다른 인턴들과 차별화된 부분이었고 결과는 대성공이었다. 고객의 마음을 움직이려면 남들과 다른 시각을 가지고 접근해야 한다. 남들과 다른, 차별화된 세일즈를 할 수 있는 방법을 고민해보자.

Lesson 8

영업력이 탄탄한 세일즈맨은 절대 흔들리지 않는다

고객이 자신의 인생 전부를 맡기고 싶을 만큼 커다란 신뢰를 주어라.
- 브라이언 트레이시

조선 세종 때 지은 〈용비어천가〉에 "뿌리 깊은 나무는 바람에 흔들리지 않고, 샘이 깊은 물은 가뭄에 그치지 않는다"는 구절이 있다. 기초와 기반이 튼튼하면 어떠한 변화나 어려움도 헤쳐나갈 수 있다는 의미다. 여기에서 끝나지 않고 뿌리 깊은 나무는 아름다운 꽃이라는 결과를 가져오기도 하고, 탐스러운 열매를 맺기도 한다. 또한 샘이 깊은 물은 계속 흘러 바다로 흘러간다. 튼튼한 기초와 기반 위에서 성공적인 성과를 낼 수 있으며, 진일보할 수 있는 것이다.

아직까지도 많은 사람들이 '세일즈'라고 하면 고객한테 굽신거리거나 자존심도 내팽개치고 힘들게 일하는 모습을 생각한다. 그러나 요즘 세일즈맨들은 상품 개발이나 기획 단계부터 함께 참여한다. 또한 고객에게 사후 서비스까지 제공하는 등 고객의 모든 제품 또는 서비스의 사용 주기에 자연스럽게 스며들어 일을 진행한다.

어려운 영업환경을 극복하고 경쟁력을 높일 수 있는 세일즈의 튼튼한 기초, 기반은 무엇일까? 바로 '영업력'이다. 영업력이란 단순히 물건을 판매하는 것만을 의미하지 않는다. 영업력이 있는 사람은 새로운 시장을 만들기도 한다. 영업력이 있는 사람은 생산 라인에 새로운 아이디어를 줄 수도 있고, 프로세스를 개선하는 데 도움을 줄 수도 있다. 에스키모 인에게 냉장고를 파는 것도 대단한 영업력이지만, 에스키모 인에게 쓸모가 있는 냉장고를 만들어낼 수 있는 것도 영업력인 것이다. 알고 보면 영업력은 모든 회사나 개인의 핵심능력이다. 그럼 세일즈의 기초 체력인 영업력을 튼튼하게 다지기 위해서는 어떻게 해야 할까?

우선 세일즈에 대한 부정적인 생각은 버리고 긍정적인 생각을 가져야 한다. 성공한 세일즈맨들에게서 발견되는 공통점은 바로 '긍정적인 사고방식'이다. 미국 펜실베이니아 대학 심리학과 마틴 셀리그만 교수는 20여 년간의 숱한 실험과 조사를 통해 "낙관적인 시각을 가진 세일즈맨은 비관적인 시각을 가진 세일즈맨보다 첫 두 해 동안 37%나 높은 성과를 거뒀다. 반면 비관적인 시각을 가진 세일즈맨들은 첫해에 그만둔 비율이 낙관적인 세일즈맨들에 비해 두 배나 높았다"고 말했다. 그만큼 긍정적인 사고방식은 건강한 영업력의 바탕이 되는 것이다. 실제로 뛰어난 실적을 올리는 세일즈맨 치고 영업에 부정적인 자세로 임하는 사람은 거의 없다. 모두가 긍정적이면서 적극적이다. 부정적인 사고를 갖고 세일즈에 임하면 될 일도 안 된다. 격언 중에 "같은 물로도 소는 우유를 만들고 뱀은 독을 만든다"는 말과 "하늘은 스스로 돕는 자를 돕는다"는 말은 긍정적인 마인드로 세일즈를 하는 '영업력'의 중요성을 역설하는 말로도 생각할 수 있다.

세일즈를 할 때 갖춰야 하는 영업력으로 또 하나 '예의'를 들 수 있다. 예의를 지킬 줄 아는 사람은 자신을 낮추어 사소한 것들을 희생할 줄 안다. 예의는 법으로 정해진 규칙은 아니지만, 어느 사회에서나 예의 바른 행동을 권장하고 이를 지키는 사람을 알아주는 법이다. 예의 바른 행동은 고객의 마음을 사로잡고, 세일즈를 잘하게 만드는 마술과도 같다.

고객을 위해 내 몸을 낮추고, 배려하는 마음을 잊지 않고, 경청하는 자세를 갖춘다면 고객은 기꺼이 감사하는 마음을 가진다. 즉, 인간관계의 기본을 갖추면 예의 바른 세일즈맨으로 고객에게 기억된다. 예의 바른 사람이 되는 가장 손쉬운 방법은 인사를 잘하는 것이다. 밝고 활기찬 표정으로 공손하게 인사하면 고객은 어느 틈엔가 나를 신뢰하며, 사람들 간에 신의가 있고 일에 대한 판단력과 업무수행능력이 뛰어날 것이라고 판단한다.

고객에게 자신을 돋보이게 하고 싶다면 예의 바르게 말하고, 예의 바르게 식사하고, 예의 바르게 앉으면 된다. 예의 바르지 않고 품위 없는 세일즈맨을 고객은 원하지 않는다. 나의 영업력을 보여주기 위해서는 먼저 내가 예의 바른 자세를 갖춰야 한다. 때로는 예의를 갖추는 것이 불편할 수 있다. 그렇지만 불편해하는 것을 겉으로 내색하면 고객은 그 자리에 자신이 있을 필요가 없다고 생각한다. 그리고 자신과 어울리지 않는 세일즈라고 생각할 가능성도 크다. 이런 것들을 미연에 방지하기 위해서라도 마음을 편하게 먹고 그 자리를 즐길 수 있는 예의를 갖추도록 노력해보자.

혹자는 항상 긴박함이 촌각을 다투는 세일즈 상황에서 예의 따위는 설 자리가 없다고 이야기하기도 한다. 예의에 대해서는 신경을 덜 쓰고, 필요한 말만 하는 솔직함이 더 중요한 시대로 변했다는 것이다. 그런데 이는 말도 안 되는 이야기다. 예의는 시대가 변해도 결코 변하지 않는 요소이며, 세일즈의 성공 여부를 좌우하는 가장 큰 영업력이다.

오스트리아의 시인 호프만슈탈은 "예의를 지키는 자는 이자로 살고, 그것을 무시하는 자는 본전을 까먹는다"고 말했다. 영업력을 높이기 위해 필요한 예의를 갖추도록 하자.

세일즈를 표현하는 말은 많지만 한마디로 요약해보자면 '자신을 파는 일'이라고 할 수 있다. 고객과 제품이나 서비스를 연결하는 것은 세일즈맨이다. 아무리 제품이나 서비스가 좋더라도 세일즈 하는 사람이 어수룩하거나 못 미더우면 고객은 결정적인 순간에 주저한다. 그만큼 세일즈맨이 얼마나 준비를 잘했느냐가 중요한 것이다. 더불어 고객의 눈높이에 맞추기 위해 노력하고, 상황에 맞는 대화 기법이나 프레젠테이션 기법을 갖추어야 한다. 또한 적절한 단어를 사용하고 알맞은 표현을 구사할 수 있는 능력을 갖추어야 한다. 따라서 독서는 세일즈맨의 영업력을 높이기 위해 꼭 필요한 투자다. 비단 세일즈뿐만 아니라 어느 분야든 고수들은 공통적으로 많은 독서량을 자랑하는 것을 우리는 쉽게 발견할 수 있다.

"저는 항상 고객과 미팅 하고 세일즈를 하러 다니느라 시간이 없어요"라고 많은 세일즈맨들이 이야기한다. 신문이나 주간지를 보기도 벅차다고 한다. 그렇다면 이동 시간을 활용하는 것도 좋다. 굳이 읽기 힘들다면 들으며 자신의 무기를 쌓을 수 있는 팟캐스트 형식도 활용해볼 필요가 있다. 시간이 없다면 시간을 만들어낼 수 있어야 한다. 정독이 어렵다면 나에게 필요한 부분만 읽는 것도 방법이다. 읽을거리가 너무 많다고 핑계만 대기보다는 무엇이든 읽으면서 어떤 것이 잘못되었는지 어떤 것이 옳은 것인지 분석하는 것도 도움이 된다.

고객과의 대화를 이끌어나갈 수 있는 가장 쉬운 방법 중 하나는 어떤 책을 읽고 있는지, 추천할 만한 책으로 어떤 책이 있는지에 관해 이야기를 꺼내는 것이다. 물론 고객의 답변을 기다리기보다는 상황에 맞는 책을 세일즈맨이 직접 추천하는 것이 보다 효과적이다. 책을 통해 고객과 친밀감을 쌓을 수 있고, 깊은 대화도 가능하기 때문이다.

책은 마음의 양식이라는 말이 있다. 독서는 개인의 내면을 가꾸는 데에도 도움이 되지만 소화한 독서량만큼 내공이 쌓인다. 그리고 이렇게 쌓인 내공은 영업력이라는 무기가 된다. 그 무기를 갖추기 위해 항상 독서하는 습관을 가지자.

많은 사람들이 집을 그릴 때 대부분 지붕부터 그리지만 사실 집을 지을 때 지붕부터 얹을 수는 없다. 기초공사를 튼튼히 해야 그 위에 기둥도 세우고 벽도 쌓고 지붕도 얹을 수 있다. 세일즈도 튼튼한 '영업력'이라는 기초, 기반이 있어야 지속적인 성공이라는 커다란 지붕을 얹을 수 있다. 또 환경의 변화나 위기에도 흔들리지 않고 계속 세일즈를 할 수 있다. 많은 세일즈맨들이 희망찬 미래를 열어갈 혁신적이면서 기본적인 '영업력'에 대한 개발을 게을리하지 않고 더욱 탄탄해지기를 나는 함께 꿈꾼다.

Perfect Sales

CHAPTER 2

퍼펙트 세일즈가 안 되는 이유

고객이 아무리 많아도 내가 고객을 모르고 고객이 나를 신뢰하지 않는다면 잘되는 세일즈를 할 수 없다. 잘되는 세일즈의 비결은 무언가 대단한 것이 아니다. 고객의 이야기를 잘 들어주고, 고객과의 신뢰를 하나씩 쌓아가는 것이다. 잘되는 세일즈를 하고 싶은가? 그렇다면 기본을 갖춘 세일즈맨이 돼라.

Lesson 9

세일즈를 모르고 판매하지 마라

상품을 팔기 전에도, 상품을 파는 순간에도, 팔고 난 이후에도
고객에게 최선을 다하라.
- 샘 월튼

"사소한 행동으로 그 사람의 됨됨이를 알 수 있다", "행동을 보면 그 사람을 알 수 있다. 행동을 바꾸면 사람이 달라 보인다"는 말은 세일즈 업계에서 흔히 들을 수 있는 이야기들이다.

세일즈 신입사원으로서 내가 가장 먼저 시작한 것은 담당하게 될 고객들을 찾아가 인사를 드리는 것이었다. 당시 고객은 영남지역에 있는 공공·교육기관들이었다. 운 좋게 세일즈 부서로 입사하기는 했지만, 회사의 주력 제품과 서비스인 IT가 내 전공 분야가 아니어서 처음에는 적응하기가 쉽지 않았다. 내부 자료를 활용하고 선배들을 따라다니며 열심히 공부했지만 그런 식으로 공부만 하는 것은 다소 지루하고 따분한 일이었다.

어느 날 나의 멘토에게 고객들을 직접 찾아뵙고 인사를 드리고 싶다는 말씀을 드렸다. 그러자 "명식 씨 마음은 알겠는데 무작정 고객을 찾아가는 것이 맞을까요? 선배로서 조심스럽네요. 조금 더 공부하고 움직이는 것이 어때요?"라고 만류했다. 이제껏 대부분 멘토의 의견을 따르곤 했었는데 유난히 그날은 밖으로 나가고 싶다는 생각이 강하게 들었다. "과장님 말씀도 맞습니다. 하지만 저는 몸으로 부딪히는 세일즈를 하고 싶습니다. 다녀올 수 있도록 허락해주십시오"라며 재차 말씀드렸다. 마지못해 나의 멘토는 그럼 팀장님과 이야기해보겠다고 했고, 팀장님의 허락하에 다행인지 불행인지 모를 나의 신입 시절 고객 방문기는 시작되었다.

고객을 만나기 전 일주일 동안 고객의 입장은 전혀 생각하지 않고 내가 어떻게 이동할 것인지에 대한 계획만 세웠다. 비슷한 위치에 있는 학교나 공공기관을 방문하면 시간을 절약하면서 많은 고객들을 만나 인사를 할 수 있겠다는 생각이 머릿속에 가득했다. 지금 생각해보면 '고객'은 안중에도 없는 계획이었다. 그저 고객을 방문한다는 생각에 들떠 나도 드디어 세일즈 세계에 본격적으로 들어간다는 왠지 모를 자부심이 넘치던 시절이었다. 방문 계획표를 작성하고 나서 '이렇게 고객들을 방문하면 완벽하겠다. 이런 일정으로 움직이자!'며 혼자 뿌듯해했다.

그런데 처음부터 난관에 부딪혔다. 고객이 자리에 없었던 것이다. 미리 약속을 잡지 않았기에 고객 탐색을 할 수도 없었다. 무작정 기다리는 것도 답이 아니었다. 언제 돌아올지 알 수 없었기 때문이다. 그렇게 첫 줄발부터 꼬이기 시작했다. 이후 방문한 공공기관에서는 잡상인 출입을

금한다며 내쫓기도 했고, 내부 시스템에 이상이 생긴 교육기관에서는 미팅을 시도조차 할 수 없었다. 왜 내가 방문할 때마다 사건 사고가 생길까 하며 자책해보았지만 아무런 대책 없이 고객을 찾아간 나의 불찰이 가장 큰 실패요인이었다.

그때 깨달은 것이 있다. 만남에 앞서 무엇보다 중요한 것은 고객과의 '약속'을 잡는 것이었다. 가만히 앉아 있으면 아무것도 할 수 없고, 고객을 만나지 않는 세일즈맨은 필요 없다. 세일즈를 잘하기 위해서는 다양한 부류의 고객을 많이 만나야 한다. 하지만 약속도 없이 고객을 찾아가는 것은 세일즈에 전혀 도움이 되지 않는다. 고객 입장에서는 약속도 없이 무작정 찾아오면 당황스럽고, 오히려 이런 즉흥적인 모습에 신뢰감이 떨어질 수 있다.

특히 요즘 고객들은 철저하게 개인주의적이며 사생활 노출을 꺼리기도 한다. 그러므로 고객에게 약속도 없이 찾아가는 것은 좋은 방법이 아니다. 또 이런저런 이유로 예정에도 없던 세일즈맨의 등장은 고객을 당황스럽게 만들기 십상이다. 그런 것도 모르고 나는 세일즈맨으로서 열심히 일해보겠다는 욕심에 고객과의 약속도 없이 무작정 방문하는 방법을 택했던 것이다. 이런 방법이 과거에는 통했을지도 모르지만 지금은 서로 간에 약속을 하고 최종적으로 일정을 체크하면서 약속 시간에 맞춰가는 것이 오히려 신뢰감을 높이는 세일즈 방법이다.

간혹 고객을 만나는 경우도 있었다. 그런데 그런 경우 오히려 고객은 나를 당황하게 만들었다. 나는 담당자로서 인사만 하고 앞으로 잘 부탁드린다는 일반적인 이야기만 하고 나올 생각이었는데 이번 기회에 제대로 문의해야겠다며 예상치 못한 질문을 마구 해댔던 것이다. 가뜩이나 업계 관련 지식이나 정보가 부족한 데다 까다로운 기술 관련 질문도 쏟아져 나는 앵무새처럼 "죄송한데 사무실에 복귀해서 확인해보고 알려드리겠습니다"라는 답변밖에 할 수 없었다. 너무 죄송하고 부끄러워 쥐구멍에라도 숨고 싶은 심정이었다. 그러면서 내가 처음에 가졌던 세일즈맨으로서의 자신감도 점점 사라져갔다.

약속 없이 만나 어떤 주제로 이야기할지 모르는 상황에서는 고객들이 돌발 질문을 많이 한다. 그런 경우 예상치 못한 질문에 어떻게 답해야 할지, 세일즈를 어떻게 끝내야 할지 당황할 수밖에 없다. 결과적으로 그때 만난 고객들에게 내가 믿을 수 있는 세일즈맨이라는 인식을 심어주는 데에는 실패했다. 세일즈 일을 처음 시작해서 용기만 있고 준비는 하나도 되지 않았던 것이다.

당시 나는 어떻게 세일즈를 해야 하는지 아는 바가 없었다. 어느 고객사를 방문해 내가 가진 제품과 서비스에 관한 설명을 해야 하는지도 몰랐다. 그저 고객을 만나야겠다는 나만의 착각에 빠져 세일즈를 전혀 모른 채 고객을 찾아갔던 것이다. 그때 만났던 대부분의 고객들은 "알겠습니다, 서명식 씨. 설명 잘 들었고, 나중에 검토해보겠습니다"라고 말했고 다시는 그들을 만날 수 없었다. 이후 세일즈 준비 기간이 늘어나고, 내가 판매할 제품에 대해 충분히 생각한 다음 고객과 약속을 잡고 방문하면서 조금씩 성과가 나타나기 시작했다. 고객이 무엇을 원하는지 정확히 짚어내지 못하거나, 제품이나 서비스에 대한 설명을 적절히 하지 못한다면 그것은 오히려 역효과를 가져온다. 세일즈맨은 프로여야 한다.

고객의 문의에 논리적으로 대답하지도 못하고, 미리 약속도 없이 방문하는 것은 고객의 저항감만 높일 뿐이다. 그러다 보면 이 고객에서 저 고객으로 바쁘게 왔다 갔다 하지만 실제 성과는 전혀 없는, 형편없는 세일즈맨이 되는 것이다. 이 모든 것은 세일즈를 모르고 무작정 덤볐던 내가 실제로 겪으며 배운, 돈 주고도 살 수 없는 값진 경험이다.

언젠가 산을 좋아하는 한 지인이 "산책하는 이를 따라 지리산 종주를 하는 사람은 없다"는 말을 내게 해준 적이 있다. 단순히 산책하는 마음으로 다른 사람의 뒤를 따라가서는 지리산 종주를 할 수 없다. '지리산 종주'라는 목적지를 정하고 한 걸음씩 앞을 향해 전진해야만 종주가 가능하다는 이야기다. 세일즈도 마찬가지다. 세일즈를 모르고 덤비면 답이 없다. 훌륭한 세일즈맨이 되기 위해서는 '세일즈'를 알아야 한다. 세일즈를 모르고 판매하지 마라.

Lesson 10

잘되는 세일즈에는 다 이유가 있다

나타나야 할 시간과 장소에 맞춰 자신을 드러내는 것,
그것만으로도 세일즈의 80%는 이미 보증을 받은 것이나 다름없다.
- 브라이언 트레이시

최근 홍익대학교 신형덕 교수님이 출간한 《잘되는 기업은 무엇이 다를까》라는 책을 읽었다. 이 책에서 신 교수님은 하루하루 갈수록 치열해지는 경쟁사회에서 각계 전문가들이 어떻게 저성장과 불황을 타계할 것인지 이해하기 쉽게 설명하고 있다. 특히 경영전략 분야에서 가장 주도적인 이론 중 하나인 자원기반이론의 관점에서 잘나가는 기업과 그렇지 않은 기업을 비교 분석하며 기업의 경쟁력을 높일 수 있는 방법을 제시하고 있다. 우리는 잘되는 회사를 통해 잘되는 세일즈의 숨은 힌트를 얻을 수 있다.

경기가 어려운 와중에도 뛰어난 성과를 내는 세일즈맨이 있는 반면 항상 어렵다고 불평, 불만만 많은 세일즈맨도 있다. 그렇다면 잘되는 세일즈에는 어떤 이유가 숨어 있을까?

무엇보다 고객의 입장에서 생각해야 한다.

"고객이 오케이 할 때까지……."

어느 회사의 광고에 나왔던 말이다. 요즘은 기업에서 생산하는 제품의 질도 중요하지만, 그에 못지않게 고객 만족을 위해 얼마나 노력하는가도 중요시되고 있다. 현란한 세일즈 기술로 고객들이 원치 않는 제품을 사게 하는 대신, 고객의 입장에서 생각하며 고객이 진정으로 원하는 것을 보다 쉽게 구매하도록 돕는 세일즈를 해야 한다. 또한 고객을 단순히 제품이나 서비스를 판매하기 위한 대상으로만 여기지 말아야 한다. 잘되는 세일즈를 달성하려면 'seller'의 행동을 멈춰야 한다. 오히려 고객의 입장에서 생각하는 'buyer' 중심의 세일즈를 해야 한다. 끈질기게 설득하는 판매자의 입장이 아니라 한결 여유 있게 한 번 더 생각하는 구매자의 입장이 되어야 한다.

또 고객의 이야기를 경청하며 함께 '공감'할 수 있어야 한다. 고객의 입장이나 감정 상태를 확인하고 내가 잘 이해하고 있음을 보여주는 것이 공감이다. 공감은 고객과 만났을 때 긍정적인 관계를 유지하고 친밀한 인간관계를 형성하기 위해 필요한, 가장 기본적인 행동 중 하나다. 세일즈맨은 직접 경험하지 못했다고 하더라도 고객의 기분, 감정, 동기 및 관심사를 이해할 수 있는 능력을 가져야 한다. 같은 일을 하는 주위의 비슷한 사람들처럼 공감대를 형성하기는 쉽지 않겠지만 다른 경험, 관점, 생각 등을 가진 고객들과도 함께 공감할 수 있어야 한다.

조직생활 내에서나 고객을 만날 때 미팅 후 갖는 일종의 '스모킹 타임'

이 있다. 긴장된 분위기에서 벗어나 보다 편안한 분위기에서 담배를 피우며 가볍게 이야기하는 시간을 갖는 것이다. 나는 담배를 피우지는 않았지만 회사 내 선배들에게 자주 불려갔다. 담배를 피우지 않아도 스모킹 타임에 나오는 이야기를 나의 일처럼 받아들이며 리액션도 잘 곁들였기 때문이다. 즉, 그들의 이야기를 '경청'했기 때문이다. 물론 그때까지 겪어보지 못한 집안 문제, 조직생활을 하면서 느끼는 다소 어렵거나 불편한 문제, 세일즈를 하면서 겪는 고객과의 문제 등등 여러 이야기가 나는 솔직히 재미있었다.

담배 냄새를 맡는 것이 다소 고역이긴 했지만 나도 언젠가 겪을 수 있는 문제들이라고 생각하니 오히려 더욱더 그들의 이야기에 집중하게 되었다. 그런 모습이 선배들의 호감 아닌 호감을 샀고, 나의 의지와 상관없이 나는 그들이 필요로 할 때 항상 같이 나가게 되었다. 경청하는 습관으로 나를 그들에게 훌륭히 세일즈 할 수 있었던 것이다.

나는 또 내가 들은 이야기를 다른 사람에게 옮기거나 전달하지 않았다. 나름 개인적이고 비밀스러운 이야기를 나에게 한다는 건 그만큼 나를 믿는다는 증거이니 그 이야기를 친한 동료나 다른 선·후배에게 옮기는 건 도리가 아니라고 생각했다. 그러다 보니 선배들은 나를 더욱 신뢰하게 되었고, 서로 개인적인 비밀도 쉽게 이야기하는 사이가 되었다.

고객을 대하는 세일즈도 이와 비슷하다. 고객은 대부분 나에게 하는 이야기가 둘만의 대화로 끝나기를 원한다. 내가 담당하는 회사의 팀장님, 팀원과 각각 미팅을 했는데 내가 정보를 공유한답시고 그들의 의견을 전달하거나 옮기는 건 서로 간의 분란만 야기할 뿐 세일즈에 있어 하등의 도움이 되지 않는다.

예전에 나는 이동통신사 내에서 사업기획을 담당하는 부서의 영업대표를 맡은 적이 있다. 담당하게 된 이동통신사들의 가장 큰 고민 중 하나는 새로운 사업 아이템, 즉 미래의 '먹거리'를 찾는 일이었다. 그래서 새로운 제품이나 서비스를 만들어야 하는 내부 사업기획팀은 새로운 아이디어를 찾기 위해 많은 회사들과 미팅을 하고 다양한 분야의 사람을 만났다. 담당하게 된 지 얼마 되지 않아 나는 그분들과 어떻게 하면 새로운 서비스 개발을 협업해볼 수 있을까 생각하며 회사를 찾았다. 기왕 방문한 김에 다양한 담당자를 만나기 위해 총 네 분의 기획 담당자와 미팅을 하며 많은 정보와 아이디어를 교환하고 기분 좋게 사무실로 복귀했다.

문제는 그 다음 주에 생겼다. 나는 기획 담당자들이 새로운 서비스 개발로 인해 얼마나 많은 스트레스를 받고 있는지, 서로 간의 보이지 않는 경쟁이 얼마나 치열한지 전혀 모르는 상태였다. 그런 상황에서 내가 A라는 기획자와 이야기한 것을 B기획자에게 전달하고, B기획자와 공유한 아이디어를 또 C기획자에게 전달한 것이었다. 그들은 내부 미팅을 하면서 모두 비슷한 콘셉트의 의견을 냈고, 그것은 모두 나로부터 비롯된 것이었다. 나는 다시는 그 회사에 발을 못 붙일 정도로 비난을 수없이 받았고, 심하게는 나 때문에 기획안을 망쳤다는 원망도 받았다. 앞으로는 그러지 않겠다는 팀장님의 사과로 나는 그 회사에 다시 출입할 수 있었다. 선의로 했던 고객들 간의 정보 공유가 오히려 커다란 문제를 일으킨 뒤로 나는 웬만하면 내가 들은 정보를 전달하지 않는다. 못 나가는 세일즈맨이 되고 싶지는 않기 때문이다.

내가 경험했던 것이 다소 극단적일 수도 있다. 그렇지만 고객들은 그만큼 예민하고 민감하다. 고객들의 동의 없이 의견을 옮기거나 전달하는 것은 의식적으로라도 하지 않아야 할 세일즈 원칙 중 하나다.

세일즈는 '무엇을 판매하느냐?'보다 '누가 판매하느냐!'가 더 중요하므로 세일즈맨 스스로가 고객에게 신뢰감을 얻을 수 있도록 노력해야 한다. 즉, 제품이나 서비스에 대한 신뢰보다는 세일즈맨에 대한 신뢰를 고객에게 얻어야 한다. 아무리 우수한 성능의 제품이나 서비스라 하더라도 세일즈맨에 대한 신뢰가 없으면 고객은 구매하지 않는다. 구매하더라도 다른 세일즈맨을 찾게 된다. 그만큼 고객과의 신뢰 쌓기는 정교한 작업이고, 신뢰를 쌓더라도 한순간에 무너질 수 있으므로 항상 조심해야 한다.

나는 가끔 고객들에게서 "명식 씨는 생각보다 괜찮은 사람이네요" 또는 "서 부장님은 신뢰할 만한 세일즈맨이네요"라는 이야기를 들을 때가 있다. 그런 말을 들었을 때 처음엔 내가 정말 믿을 만한 사람인가 보다 하고 생각했다. 그런데 한 번 더 생각해보니 그런 이야기는 모두 계약이나 거래가 끝났을 때 들을 수 있는 말이었다. 당연한 것이다. 처음 만난 세일즈맨을 무조건 신뢰하는 고객은 아무도 없다. 충분히 알게 된 이후부터 신뢰를 하기 시작한다. 그렇게 신뢰가 쌓이면서 나는 더 적극적으로 세일즈를 할 수 있었다.

"구슬이 서 말이라도 꿰어야 보배다"라는 말이 있다. 고객이 아무리 많아도 내가 고객을 모르고 고객이 나를 신뢰하지 않는다면 잘되는 세일즈를 할 수 없다. 잘되는 세일즈의 비결은 무언가 대단한 것이 아니다. 고객의 이야기를 잘 들어주고, 고객과의 신뢰를 하나씩 쌓아가는 것이다. 잘되는 세일즈를 하고 싶은가? 그렇다면 기본을 갖춘 세일즈맨이 돼라.

Lesson 11

고객을 모르고 판매하지 마라

누군가에게 있어 목적지는 장소가 아닌, 사물을 보는 새로운 방법이 된다.
- 헨리 밀러

나는 2003년 11월 16일 일요일에 군대를 전역했다. 다행인지 불행인지, 당시 진행된 군생활 단축프로그램의 영향으로 원래 예정일보다 일주일 빨리 전역을 했다. 대부분의 친구들은 대학교 1학년을 마치고 군대에 갔지만, 나는 그들과 다르게 2학년을 마치고 입대를 했다. 2년 2개월의 군생활이 끝났다는 기쁨을 만끽할 틈도 없이 나는 복학 준비를 서둘렀다. 제대하고 복학을 하면 3학년이 되었기 때문이다.

생각해보면 요즘 대학생들보다는 조금 더 여유가 있는 복학생의 입장이었고, 취업 준비를 할 시간도 충분했다. 그렇지만 취업을 본격적으로 준비하는 4학년까지는 1년 정도의 시간밖에 남아 있지 않다는 생각에 마음이 급했다. 나는 무작정 학교에 들러 과사무실이나 중앙도서관의 게시판을 보며 무얼 해야 할지 찾아보기 시작했다. 그때 졸업을 앞두고 있던 친구를 만났다.

"명식아, 전역했다면서! 축하해!"

"어, 그래. 고마워! 잘 지내지?"

"나야 뭐, 그럭저럭 지내고 있지. 참, 나 이번에 취직했어! L사 디스플레이야! 1월부터 연수 받고 출근할 것 같아!"

"우와, 축하해! 잘됐네! 부럽다, 친구야!"

"아냐, 운이 좋았지, 뭘. 근데 너 여기서 뭐 하니?"

"이번에 복학하는데 뭘 해야 할까 고민하고 있어!"

그렇게 시작된 대화는 친구가 속해 있던 영어 동아리를 소개 받으면서 끝이 났다. 다시 예전의 기억이 떠올랐다. 카투사로 군복무를 할 예정이어서 부족한 영어 실력으로 고민하던 차에 그 친구가 입대 전 소개해주었던 동아리였다. 입대를 앞두고 몇 번 참여했지만 감히 넘보지 못할 영어 실력을 가진 선배나 친구들을 보고 지레 겁먹고서 다시는 찾지 않았던 곳이었다.

군대 가기 전에 겪었던 그 동아리의 분위기는 일종의 영어 엘리트 집단 같았다. 그들은 세계 곳곳에서 일어나는 시사 이슈들에 대해 토요일과 일요일 오후 내내 토론하며 쌓이는 영어 실력에 대한 자부심이 대단했기 때문이다. 또한 대부분 나보다 나이가 많은 형이나 누나들이었기에 알게 모르게 위축이 되었다. 30여 년의 오래된 전통과 더불어 동아리의 모토가 '영어 토론 동아리'였기 때문에 더 낯설었다. 선배들만 봐도 국내외 유수의 기업이나 공공기관에 취직해 든든한 울타리가 되어주었다.

현직 멤버들도 그에 뒤질세라 열심히 공부했기에 내가 끼어들 틈이 없었다. 하지만 복학을 하면서 더욱 절박해진 상황에 지푸라기를 잡는 심정으로 나는 다시 그 동아리를 찾았고, 군 입대 전과는 사뭇 다른 분위기를 느꼈다. 내 나이가 어린 편이 아니라는 심리적 위안감도 있었지만, 나의 간절한 마음이 다른 생각은 안 하고 영어 공부만 하도록 만들었다.

겨울방학 동안 매주 3회 스터디를 했고, 이후 3학년 1학기로 복학을 해서도 동아리 활동을 꾸준히 했다. 같이 공부하는 멤버들이 모두 성실하고 영어를 잘하고자 하는 의지도 강해 더욱 즐겁게 공부할 수 있었다. 내가 스스로 생각해도 정말 열심히 했던 복학 후 첫 학기였다.

그렇게 1학기 종강을 앞둔 어느 날, 당시 동아리 회장을 하던 친구가 잠깐 시간을 내달라고 부탁했다. 그 친구는 단도직입적으로 다음 학기 동아리 회장을 내가 했으면 좋겠다고 했다. 나는 내심 언젠가는 동아리 회장을 할 것이라는 생각을 가슴속 한편에 품고 있었지만 생각보다 빠른 제안에 순간 당황했다. 그렇지만 동아리 회장의 적극적인 설득과 기왕 하기로 결심한 것 빨리 해보자 하는 생각에 수락을 했고, 다른 친구들의 격려 속에 동아리 회장직을 맡게 되었다.

동아리 회장이 되고서 가장 큰 고민은 어떻게 하면 신규 회원을 많이 모을 수 있을까 하는 것이었다. 내가 속한 동아리는 나름 유명하여 가입 문의가 끊임없이 이어졌다. 그렇지만 내가 복학 전에 겪었듯이 다소 어렵게 느껴지는 동아리 특유의 배타적인 분위기는 신입 회원을 모집하는 데 커다란 장벽이 되었다. 특히 남학생은 복학생만 받는다거나 여학생은 어학연수를 다녀와야만 가입할 수 있을 것이라는 편견이 학생들 사이에 만연해 신규 회원을 모집하는 데 많은 어려움이 있었다.

나는 같이 임원활동을 하게 된 친구들과 함께 수많은 고민과 토론을 했다. 우리가 내린 결론은 모집할 친구들에게 우리 동아리가 지향하는 바를 정확히 알리고, 변화하는 시대에 맞춰 공부하는 커리큘럼을 조절하는 것이었다. 동아리가 만들어질 때부터 추구했던 '영어 토론 동아리'의 모토에 맞게 세계의 시사 이슈를 공부하고, 깊이 있는 지식을 쌓는 것도 물론 중요했다. 그렇지만 토익이나 회화 중심의 실용 영어가 취직이나 대학원 진학을 위해 더욱 중요해지는 대학가의 분위기도 무시할 수 없었다. 우리는 변화된 환경에 동아리 구조를 바꾸는 파격을 단행했다.

몇몇 고학년 선배들은 동아리의 정체성에 맞지 않을 수도 있다며 갑작스럽게 동아리의 분위기를 바꾸는 데 우려를 나타내기도 했다. 나도 갑작스러운 변화에 신입생이 별로 모집되지 않으면 어쩌나 걱정이 많았다. 그런데 결과는 대성공이었다. 평소에 모집하면 10~15명 정도의 신규 회원이 모였지만, 이때는 약 50여 명의 신규 회원을 모집할 수 있었다. 특히 고무적이었던 점은 1학년 학생들과 더불어 간호대학이나 공과대학 등 기존에 보기 힘들었던 학년과 학과의 학생들이 많이 찾아왔다는 것이다. 영어 공부에 관심은 많지만 동아리 문턱이 높다고 생각했던 학생들이 변화된 모습에 용기를 내 손을 내밀었던 것이다.

디즈니랜드 창업자 월트 디즈니는 누가 뭐라고 해도 철저히 고객의 입장에서 바라보고 디즈니랜드를 만들었다. 당시 시대 상황에 비춰볼 때 테마파크 건설은 무리라는 우려가 많았지만 고객의 입장에서 생각하는 '고객 제일주의 사고'를 지향했고, 결국 오늘날의 디즈니랜드를 만들어낼 수 있었다. 월트 디즈니는 "고객 제일주의가 이윤 제일주의보다 더 많은 이윤을 낸다"고 말했다. 그는 또 "고객을 만족시키는 것으로 충분하지 않다. 고객의 기대를 능가함으로써 고객이 기쁨을 맛볼 수 있게 해야 한다"고 강조했다.

내가 그 당시 기존 멤버들이나 선배들이 쌓아왔던 방식 그대로 동아리를 이끌었어도 아무 문제는 없었을 것이다. 탄탄한 실력의 멤버들이 모여 공부하며 영어 실력을 쌓는 방향으로 이어졌을 것이기 때문이다. 그렇지만 나는 변화를 택했다. 30여 년의 전통도 중요했지만, 새로운 영어 공부 방식도 필요했기 때문이다.

신입 회원을 모집하고 한 학기를 운영하면서 많은 시행착오도 겪었다. 나 스스로도 왜 바꾸었을까 하는 의구심이 많이 들 만큼 힘든 과정이었다. 하지만 그렇게 나와 함께 임원진이 만든 커리큘럼이 정착되고, 보다 활성화된 동아리를 만들었다는 보람을 여전히 가지고 있다.

이 모든 것이 현재 내가 하고 있는 세일즈와 크게 다르지 않다고 생각한다. 세일즈에서 가장 중요한 것이 고객을 잘 알고 판매하는 것이라면, 동아리 회장으로서 가장 중요한 것은 신규 회원을 변화된 환경에 맞게 모집하는 것이었다. 새로운 학생을 많이 모집하고 싶다면 그들에 대해 잘 알아야 했다. 새롭게 오는 학생들이 무엇을 좋아하고, 어떤 생각을 하는지 제대로 파악 못한다면 결코 동아리 회원으로 모집할 수 없었고, 동아리의 번영을 이끌 수 없었기 때문이다.

세일즈도 마찬가지다. 고객에 대한 사전 정보 없이 내가 팔려는 상품에 대해 일방적으로 홍보만 한다면 오히려 거부감을 일으켜 성공 확률을 떨어뜨릴 수 있다. 세일즈의 기본을 위해 다시 한 번 마음속에 새겨둬야 할 말이 있다.

"고객을 모르고 판매하지 마라."

Lesson 12

열심히 하기보다 성과를 내는 세일즈를 하라

시도해보지 않고는 누구도 자신이 얼마만큼 해낼 수 있는지 알지 못한다.
- 푸블릴리우스 시루스

언제나 인기리에 방영되는 코미디 프로그램은 여러 가지 유행어를 만들어낸다. 2009년으로 기억한다. 당시 한 코미디언이 "1등만 기억하는 더러운 세상"이라는 말을 했다. <나를 술 푸게 하는 세상>이라는 코너에서 만취한 취객으로 나오는 코미디언은 경찰관 앞에서 "국가가 나에게 해준 게 뭐가 있어!" 하고 외쳤다. 대부분의 국민들은 그 말에 공감했다. 세금 내랄 때 꼬박꼬박 다 내고 법도 잘 지키며 국민으로서의 의무는 다했다고 생각하는데, 정작 국가는 우리를 위해 무엇을 해주었는지 의문이 들 때가 한두 번이 아니기 때문이다. 취객 연기를 하는 코미디언의 입에서 나온 그 말은 우리 가슴속에 자리하고 있던 불만을 끄집어내주었기에 큰 공감을 이끌어냈고, 그해에 가장 유행한 대사 중 하나였다.

술에 취한 코미디언은 다시 말한다.

"1등만 기억하는 더러운 세상, 1등만 좋아하는 더러운 세상."

우리는 입시 경쟁, 부의 경쟁, 출세 경쟁, 입사 경쟁 등 수많은 경쟁의 터널을 거치며 살아간다. 그러면서도 정작 1등은 한 명만 될 수밖에 없다. 그 코미디언은 거기에 끼지 못한 수많은 사람들의 목소리를 대변하는 것이었다. 그의 말은 이미 술주정이 아니었다. 우리가 처한 현실을 한마디로 너무 잘 꼬집고 있는 말이었다.

세일즈 세계도 마찬가지다. 어느 곳보다 치열한 경쟁이 벌어지고 있는 곳이 세일즈 현장이고, 우리는 모두 그 경쟁에서 이기기 위한 세일즈를 하고 있다. 그렇지만 모두가 승자는 될 수 없는 것이 세일즈다. 어느 고객에게 성공적으로 판매를 했다면 어디엔가 그 고객에게 판매하지 못한, 실패한 세일즈가 있다. 오늘 경쟁사 고객을 윈백win back(경쟁사의 시스템을 자사의 제품군으로 바꿔 넣는 공격적인 마케팅 방법) 했다고 하더라도, 내일 다른 고객이 경쟁사로 갈 수 있는 것이 세일즈다. 한 번의 성공으로 우쭐할 필요도, 한 번의 실패로 기죽을 필요도 없다. 고객의 마음은 항상 변하고, 한 치 앞도 모르는 것이 세일즈다. 그럼에도 불구하고 우리는 성과를 내는 세일즈를 해야 한다. 그래야 살아남을 수 있기 때문이다.

M사에 근무하는 S부장이 있다. 그는 오늘도 어떻게 하면 전쟁 같은 세일즈 현장에서 승리해 살아남을 수 있을까 고민한다. 그는 항상 주위를 유심히 살펴보고 독서를 통해 연구하면서 세일즈 현장에서 성과를 내는 사람들의 특징을 찾아내 닮아가고자 노력한다. 그가 찾은 성과를 내는

세일즈맨들의 특징은 크게 세 가지로 나뉜다.

첫째, 그들은 호기심이 많고, 고객의 호기심도 잘 자극한다. 그들은 모든 세일즈의 시작을 '호기심'에서 출발한다. 즉, 사소한 호기심만으로도 강력한 세일즈 동기가 될 수 있다. 세일즈맨 자신이 호기심이 많으면 고객들의 호기심도 잘 자극한다.

대부분의 세일즈맨들이 세일즈를 할 때 제품의 기능이나 서비스를 설명하는 데 많은 시간을 할애한다. 그런데 이런 활동들은 고객의 호기심을 불러일으키지 못한다. 호기심을 자극하지 못하면 고객의 관심을 끌 수 없다. 성과를 내는 세일즈맨들은 고객에게 "매일 마시는 커피 한 잔 값 정도의 가격으로 고객님의 미래에 대한 건강을 보장하고 노후를 대비할 수 있는데 들어보겠냐?"는 식으로 고객의 호기심을 적절히 자극한다. 또 "현재 고객님이 재테크를 충분히 하지 못하고 있는데 나는 그 이유를 알고 있다"고 호기심을 자극한다. 자신이 많은 것을 알고 있고, 이런 호기심을 갖고 있는 고객의 고민을 적절히 해결하는 방법을 알려줄 수 있다고 말하는 것이다. 이런 방식으로 고객의 호기심을 자극하는 세일즈맨은 언제나 고객에게 인기가 있고, 좋은 성과를 낼 수 있는 기본자세가 된 사람이다.

홈쇼핑의 뛰어난 쇼호스트들은 새로운 제품 하나를 접하게 되면 남들이 한 달 넘게 걸려 알아낼 특징을 몇 시간 만에 금방 알아채고 능숙하게 소개를 한다. 관심과 호기심이 많기 때문이다. 또한 궁금한 것이 있으면 묻고 또 물어서 자신의 것으로 만들고, 소비자의 입장에서 끊임없이 '왜?'라는 질문을 던진다.

둘째, 성과를 내는 세일즈맨들은 항상 실천한다. 많은 세일즈맨들이 고민과 걱정에 상당한 시간을 쏟아붓는 것이 사실이다. '내가 다른 경쟁자들보다 앞서기 위해 준비해야 할 것은 무엇일까?', '성공적인 세일즈를 위해 무엇을 해야 할까?', '세일즈에서 성공하려면 지금 당장 해야 할 일이 무엇일까?' 등 무수한 걱정을 어제도 하고, 오늘도 하고, 내일도 할 것이다. 이와 같이 고민만 하는 세일즈맨은 성과를 낼 수 없다. 세일즈란 어떤 일이든 아주 작은 것이라도 실천했을 때 목표를 향해 나아갈 수 있다.

예전에 같은 팀에서 일하던 P부장이 있다. 그는 무조건 자신이 알게 된 최신 정보를 알려주려고 고객을 자주 방문했다. 고객이 바쁘다고 거절하더라도 새로운 제품이나 서비스가 나오면 무조건 고객에게 메일이나 전화로 알려줬다. 주변에서 아무리 "그거 좀 설명한다고 고객이 사겠어요?"라며 부정적인 시선을 보내도 개의치 않고 끊임없이 고객에게 알려주는 것을 실천했다. 그렇게 꾸준히 실천하다 보면 언젠가는 고객에게서 답이 온다는 것이었다. 대신 끊기면 절대 안 된다고 했다. 실제로 P부장은 언제나 회사 내에서 신제품을 가장 먼저 판매하는 세일즈맨으로 각광받았다. 끊임없이 실천했던 그의 세일즈 방법이 성과를 낸 것이다.

세일즈의 대가 제프리 지토머는 "경쟁자를 제치고 최고의 세일즈맨이 되려면 전화 음성 메시지부터 차별화하라"고 했다. 아마 전화 음성 메시지처럼 아주 사소한 것부터 실천하라는 의미일 것이다. 대부분의 세일즈맨들은 한 방에 모든 것을 해결할 만한 것, 남들이 실천하지 않는 것, 획기적인 것을 찾는다. 그러나 성과를 내는 세일즈맨들은 모두가 다 알지만 실천하지 않는 것을 꾸준히 실천한다.

마지막으로 성과를 내는 세일즈맨들은 고객 위주로 끊임없이 생각한다. 세일즈는 고객이 있어야 할 수 있다. 고객이 없으면 세일즈도 없고, 세일즈란 개념 자체도 성립하지 않는다. 즉, 세일즈의 근간은 사람인 것이다. 세일즈는 사람에서 시작되고 사람에서 끝난다.

계약자든 고객이든 인간관계가 세일즈맨의 성과를 좌우한다. 그중에서도 성과를 내는 세일즈맨들은 디테일에 강하다. 예를 들어 동네 미용실과 유명 헤어디자이너가 운영하는 곳에서 하는 머리 모양은 크게 다르지 않다. 그렇지만 고객이 지불하는 가격은 다르다. 손질법과 그에 따른 머리 모양의 차이는 크지 않지만, 헤어디자이너들은 고객이 원하는 디테일한 부분에까지 신경을 쓴다. 그런 조그마한 디테일의 차이가 엄청나게 다른 느낌을 만들고, 고객으로 하여금 비용을 기꺼이 지불하게 만드는 것이다.

나는 신입사원 시절 해외 컨퍼런스에 고객을 모시고 간 적이 있다. 굉장히 중요한 고객사의 임원인지라 모두가 의전에 많은 신경을 썼다. 비행기, 호텔 예약부터 입맛에 맞는 현지 식당 섭외 등 처음부터 끝까지 상당한 관심을 기울였다. 당시 컨퍼런스와 더불어 진행되는 본사 고위 임원과의 미팅 결과에 따라 한국에서 중요한 계약을 할 수 있을지의 여부가 결정되었기 때문이다. 결론적으로 미팅은 잘 끝났고 계약은 성공적으로 이루어졌다.

나는 신입사원으로 겁 없이 일할 때라 고객사 임원 분께 어떤 부분이 가장 마음에 들었는지 물어봤다. 그랬더니 아무렇지도 않게 "렌터카를 탔는데 제가 좋아하는 노래가 흘러나오고 있었어요"라고 하는 것이었다. 출장이 잦은 그 임원 분에게 해외 현지에서의 좋은 호텔과 식당은 당연한 것이었고, 다른 곳과 차별점이 거의 없었다. 다만 우리가 미리 입수한 정보를 바탕으로 재즈음악을 준비해둔 것이 고객의 마음을 사로잡는 데 한몫했던 것이다. 물론 단지 자신이 좋아하는 노래가 차에서 흘러나왔다고 해서 대규모의 계약을 하지는 않았을 것이다. 그렇지만 그런 디테일한 부분까지 준비한 정성이 좋은 결과를 가져온 주요 요인이 되었음에는 틀림없다.

그렇다. 세일즈는 이렇게 디테일해야 한다. 고객을 편하게 만드는 것만으로는 성과를 낼 수 없다. 그런 기본적인 것은 모두 똑같이 하기 때문이다. 디테일한 부분으로 고객을 감동시킬 수 있을 때 성과를 내는 세일즈를 할 수 있다.

값진 성과를 얻으려면 한걸음, 한걸음이 힘차고 충실하지 않으면 안 된다. 열심히 하는 세일즈맨은 많다. 그렇지만 성과를 내는 세일즈맨은 많지 않다. 성과를 내는 세일즈를 하고 싶은가? 그렇다면 호기심을 갖고, 실천하며, 디테일에 강한 세일즈맨이 되자. 그래야 비로소 성과 있는 퍼펙트 세일즈를 할 수 있다.

Lesson 13

고객의 감정을 소홀히 하지 마라

확고하게 만족한 고객들은 다른 회사의 좋은 점을 좀처럼 인정하려 하지 않는다.
- P. 커틀러

사람들이 처음 만나 감정을 표현하는 방법에는 여러 가지가 있다. 그중에서도 대표적인 것이 미소를 짓는 것이다. 웃으면 복이 오고, 웃으면 상대방의 마음을 더 쉽게 얻을 수 있을 것이라 생각하기 때문이다. 밝은 미소를 가진 사람을 보면 그 자체만으로도 마음이 푸근해진다. 그런데 상황에 따라 웃음의 종류를 달리할 필요가 있다.

예를 들어 굉장히 중요한 계약을 위해 처음 고객을 만나는 자리라고 생각해보자. 만나기 전에 '어떻게 인사를 시작하지?', '명함은 어떻게 건넬까?', '인사말은 어떤 걸로 할까?' 등 여러 생각을 하며 기다리고 있다가 고객이 다가와서 인사를 건네면 나도 모르게 굉장히 기쁜 듯 활짝 웃을 것이다. 왜냐하면 앞에서 설명한 대로 웃으면 복이 오고, 웃는 얼굴에 침

못 뱉는다는 말이 생각났기 때문이다. 그렇지만 처음 만난 고객에게 그렇게까지 다소 과해 보이는 웃음을 짓는 게 맞는 방법일까? 고객은 '아! 이 세일즈맨이 나를 형식적으로 대하고 있구나!'라고 생각하며 오히려 신뢰하지 않을 수도 있다.

처음에 어떻게 행동하느냐에 따라 고객의 감정은 많은 영향을 받는다. 대부분 세일즈는 고객의 감정을 자극해야 한다고 생각한다. 고객이 구매하기로 결정할 때에는 감정의 영향을 많이 받기 때문이다. 그런데 여기서 한 가지 주의해야 할 부분이 있다. 이때의 감정이란 단순히 심정적인 마음 상태를 이야기하는 것이 아니다. 예전에는 세일즈맨이 제품이나 서비스를 얼마나 잘 포장하는지가 중요했다. 또 경우에 따라 마치 배우와 같이 감정 실린 연기를 통해 고객을 감동시키기도 했다. 그런 다음 계약을 요청하면 감정이 고조된 고객에게 세일즈가 쉽게 먹히기도 했다. 즉, 고객의 감정을 건드려 세일즈를 하는 것이 과거의 세일즈 패턴이었다. 그러나 이제 시대가 바뀌었다.

변화된 환경 속에서 고객은 계속 똑똑해지고 있다. 요즘 고객 역시 감정의 변화에 따라 구매 의사를 결정하기는 한다. 그렇지만 이제는 단순히 감정에 휘둘리지 않고, 구매를 결정하는 생각의 밑바탕이 철저한 논리적 사고로 무장되어 있다. 현란한 화술이나 연기 같은 액션은 오히려 고객의 감정을 상하게 만들어 구매로 이어지지 않기도 한다. 그런 모습들이 가식적이고 거짓 같다고 생각하기 때문이다. 내가 판매하고자 하는 것과 경쟁사의 것을 비교했을 때 별 차이가 나지 않으면 고객들은 감정보다는 자신들이 가져가는 이익이나 혜택을 더 중요하게 생각한다.

내가 협력업체의 업무를 담당하게 되었을 때 처음에는 "이제 예전 같지 않아서 좀 힘드시겠어요, 서 부장님!"과 같은 이야기를 많이 들었다. 오랫동안 우리 회사와 비즈니스를 하고 있는 협력업체 사장님들이 나에게 해준 말이었다. 예전에는 보기에 따라 다소 일방적인 갑과 을의 관계였다면 이제는 동등한 수평적 관계에서 일하기 때문이다. 물론 나는 아무런 문제가 없었다. 오히려 동반자적 관계로 함께 일하는 것이 갑과 을처럼 일방적 지시를 하는 관계보다 편했다. 그렇다고 오랫동안 이어져 온 관행이나 습관을 한꺼번에 바꿀 수는 없었다. 그래서 내가 할 수 있는 범위 내에서 조금씩 바꿔보기로 했다.

협력업체 분들은 저마다 성향이 모두 다른데 30여 개의 협력업체에 1대 1 맞춤형으로 세일즈를 하는 건 현실적으로 쉽지 않았다. 그래서 나는 담당 협력업체를 몇몇 그룹으로 나누어 관리 및 세일즈 하기로 했다. 협력업체 사장님들의 성향에 따라 협력업체 사장님들끼리 만나는 것을 좋아하는 분들도 있고, 실제 회사의 실무를 책임지는 임직원 분들끼리 만나는 것을 좋아하는 분들도 있고, 비슷한 위치의 사람들끼리 어울리는 것을 좋아하는 분들도 있었다. 그래서 나는 비슷한 성향의 협력업체끼리 나누어 세일즈를 하기로 했다. 내가 상대하고 있는, 나의 고객인 협력업체들의 감정을 소홀히 할 수 없었기에 최대한 기존에 해오던 업무 프로세스를 존중하되 약간 변형을 주기로 한 것이다. 그분들 중에는 벤더기업(공급자나 판매사)에서 얼마만큼 관심을 갖고 있는지를 중요시 여기는 분들도 있고, 업무상 필요한 일만 진행하기를 원하는 분들도 있었다. 물론 모든 분들이 나의 방식을 마음에 들어 했던 것은 아니다. 그렇지만 나는 새로운 환경에 맞는 세일즈를 해야 했고, 비즈니스에 큰 영향을 끼치지는 않는 선에서 서서히 세일즈 패턴을 변화시켜나갔다.

"새 술은 새 부대에 담아야 한다"는 말처럼 내가 담당하게 되었기에 내가 원하는 대로 세일즈 방식을 바꿀 수 있었다. 그런데 담당자가 바뀌었다고 해서 기존의 세일즈 질서를 내 마음대로 일방적으로 바꾸었다가는 같이 일하는 분들의 감정을 불필요하게 해칠 수도 있었다. 점점 어려워지는 세일즈 환경에서 독불장군 식의 소통은 오히려 역효과만 불러오기 십상이다. 같이 협력해도 좋은 세일즈 결과를 만들기 힘든 것이 현실인데 굳이 고객의 감정을 해칠 필요는 없었다. 그래서 선택한 것이 점진적인 변화를 통해 고객의 감정을 소홀히 하지 않는 것이었다.

예전처럼 소위 말하는 갑의 위치에서 일방적으로 밀어붙이는 방식의 세일즈는 더 이상 유효하지 않다. 협력업체 분들의 내면은 철저히 비즈니스 논리로 무장되어 있기 때문이다. 협력업체 사장님들도 100% 감정적이긴 하지만 그러면서도 자신들에게 돌아올 이익을 중요시한다. 이런 변화에 맞춰 철저히 준비하며 전문성을 갖춘 세일즈 담당자를 원한다. 차별화된 믿음과 의식을 갖고 있는 세일즈맨에게 감정이 움직이는 것이다.

이른바 한 분야에 빠져 관련 분야의 전문가 못지않은 지식과 견해를 자랑하는 사람들을 '빠'라고 한다. 물론 나쁜 의미가 아니라 좋은 의미다. 그 사람들이 한 제품이나 서비스에 빠지는 것은 그것에 대한 감정이나 애정이 풍부하기 때문이다. 이런 감정을 잘 활용한 사례로 '애플스토어'를 들 수 있다.

전 세계 애플스토어 매장의 방문객 수는 일주일에 평균 2만 명 이상이라고 한다. 하루에 약 몇 천 명 이상이 몰리며 한가한 매장을 찾기가 힘들 정도다. 애플스토어는 주위의 다른 어떤 매장보다도 붐빈다. 미국 내 애플스토어들은 대부분 10시에 문을 여는데, 문을 열자마자 입장하는 사람들이 평균 100여 명은 된다고 한다. 그래서 애플스토어는 언제나 바쁘다. 이런 상황에서도 애플 직원들은 고객 각자가 충분히 관심을 받고 있다는 감정을 느끼게 해준다. 물론 매번 그럴 수는 없을 것이다. 감정이 상한 고객은 소셜네트워크서비스SNS 등을 활용해 즉시 불쾌한 기분을 회사에 전하기도 한다. 그러면 애플은 고객이 그러한 감정을 다시는 느끼지 못하도록 재빠르게 조치하며 노력한다. 그래서 애플의 SNS에는 추천 고객이 비추천 고객보다 훨씬 많다.

나는 한때 세일즈에서 마케팅으로 업무가 변경된 적이 있다. 내부 조직 변화로 갑자기 인사이동이 진행되어 담당하던 고객 분들께 업무 변경 연락도 제대로 하지 못했다. 그러던 중 요청한 서비스에 대응이 늦어지고 있다며 담당자를 찾는 한 고객의 메일이 회사 내에서 열 번 이상이나 왔다 갔다 했다. 고객은 감정이 상했고, 다시는 우리 회사와 거래하지 않을 것이라며 쓴소리의 메일을 보냈다.

업무 변경으로 나는 그 메일의 수신 대상에서 빠져 있었고, 모든 사태가 끝나고 나서야 나는 분에게서 그 사실을 전해 들었다. 즉각 고객에게 전화를 했지만 받지 않았다. 그래서 안산까지 직접 찾아가 만났지만 이미 돌아선 고객의 마음을 되돌릴 수는 없었다. 갑작스러운 업무 변경 소식을 전하는 메일 한 통만 보냈어도 일어나지 않을 일이었다. 너무도 안타까웠지만 고객의 감정은 사소한 일에도 변할 수 있다는 사실을 배운 것에 만족해야 했다.

고객의 감정을 소홀히 하지 않는 것은 쉽지 않은 일이다. 고객의 마음은 수시로 변하기 때문이다. 그럴 때에는 오히려 제품이나 서비스에 대한 전문지식을 갖추고 그 지식을 공유하는 방법을 찾는 것도 효과적이다. 단순히 감정에 매달리거나 좌우되지 말고, 세일즈 하고 있는 분야의 전문성을 갖추고 담당 고객에게 신뢰를 얻는 것이야말로 성공할 수 있는 비결이다.

고객은 100% 감정적이다. 고객의 감정을 소홀히 하지 말고 활용할 줄 아는 퍼펙트 세일즈를 해야 한다.

Lesson 14

나만의 세일즈 시스템을 만들어라

사람을 많이 만나라. 단, 많이 만나되 살 만한 가능성이 있는 고객을 만나라.
- 프랭크 베트거

세일즈맨이 거래를 성공시키는 건 야구선수가 홈런을 치거나, 축구선수가 골을 넣거나, 군인이 전쟁에서 승리하는 것과 마찬가지다. 무엇보다 운동 경기와 세일즈의 가장 비슷한 점은 혼자서 모든 것을 할 수 없다는 것이다. 많은 세일즈맨들이 대부분 비슷한 생각을 하고, 똑같은 선택을 하고, 똑같은 실패를 반복한다. 그렇다면 잘나가고 성공하는 세일즈맨들의 공통점을 찾아서 적용해보면 되지 않을까? 그들의 성공 원인은 무엇일까?

성공한 세일즈맨들은 대부분 주관적인 감感에 의존하지 않는다. 고객 발굴에 대한 두려움도 별로 없다. 그들은 철저히 자신만의 세일즈 시스템을 활용한다. 자신이 직접 체득한 세일즈 방법을 체계화하여 계속 반복하는 시스템을 만든다. 그렇게 시스템을 잘 만들어놓으면 그다음부터는 세일즈를 하는 것이 크게 어렵지 않다. 대개 새로운 고객을 찾지 못해 세일즈에 실패했다고 하는 이유는 이러한 세일즈 시스템을 갖추지 못하고 자신만의 방식으로 고객을 확보하려고 했기 때문이다.

나는 현재 협력업체 담당 세일즈 매니저로 일하고 있다. 담당하고 있는 협력업체는 총 30곳이다. 산술적으로 하루에 한 곳씩만 업무 미팅을 해도 한 달이라는 시간이 부족하다. 이에 어떻게 하면 더 나은 세일즈 결과를 가져올 수 있을지 고민 끝에 만든 것이 나만의 세일즈 시스템이다. 숨 가쁘게 쏟아지는 내부 업무를 진행하면서 세일즈 성과를 낼 수 있는 방법을 고민하여 만든 시스템이다.

첫째, 협력업체들끼리 일을 할 수 있도록 만들었다. 세일즈를 할 때 특별히 중요하게 판매해야 하는 제품이나 서비스가 있다. 이에 대한 성과를 기반으로 나는 프로모션을 진행했다.

먼저 일종의 협력업체 대시 보드를 만들었다. 방법은 간단하다. 엑셀을 활용해 순위 표를 만들면 그만이다. 그렇게 하나의 기준 표를 작성해 매주 실적에 따라 업데이트만 해서 미팅 때 보여주면 된다. 물론 보는 관점에 따라 꼭 비교를 해야 하느냐며 기분 나빠하는 경우도 있다. 협력업체들이 가장 싫어하는 것 중 하나가 다른 협력업체와 비교하는 것이다. 비슷한 업력이나 규모를 가진 업체들과 비교했을 때 본인의 순위가 어디에 위치하는지에 따라 굉장히 민감한 반응을 보인다. 그렇지만 현재 자신이 속한 위치를 객관적으로 파악하는 지표를 무시해서는 안 되며, 업무 성과를 더 잘 낼 수 있도록 고민하자는 취지에서 작성했다고 설명하면 대부분 이해한다. 그들도 세일즈를 하고 있기에 경쟁은 피할 수 없는 부분임을 알고 있기 때문이다.

예전에 대학교 담당 영업대표를 할 때 역시 그랬다. 우리가 대학교들에 판매하는 제품을 학생들이 얼마나 잘 사용하고 있는지에 대한 보고서가 매월 작성되었다. 우리 회사 제품을 사용하는 고객의 현황이 전국적으로 일목요연하게 표시되는 표였다. 당시 팀장님이 필요로 하는 것은 모든 대학교의 순위가 아니었다. 비슷한 규모나 연혁을 가진 다른 학교와의 비교였다. 그래야만 차장님이나 그 윗분들에게 보고할 때 비교되는 기준점을 제시할 수 있었기 때문이다. 이와 같이 사람들은 대부분 비슷한 규모의 업체나 경쟁 상대와 비교하는 것에는 큰 거부감이 없는 편이다. 따라서 이를 적절히 활용할 줄 아는 세일즈 시스템을 만들어야 한다.

둘째, 고객들이 다른 고객들을 불러올 수 있도록 만들었다. 고객이나 협력업체와 업무 미팅을 할 때 가장 많이 받는 질문 중 하나가 "그래서 이 제품이나 서비스를 어디서 사용해요? 또 어디서 팔고 있나요?"다.

어떤 상황에서도 두려움 없이 가장 먼저 용기 있게 나서는 선구자를 우리는 '퍼스트 펭귄'이라고 한다. 그런데 세일즈 현장에서 대부분의 고객이나 협력업체들은 퍼스트 펭귄이 되지 않기를 원한다. 다른 사람들이 이미 잘 사용하고 있는 제품인지, 이 서비스를 팔아도 문제가 되지 않는지 검증된 상태이기를 원하기 때문이다. 그래서 회사들에서는 신제품이 출시되면 첫 번째 사용 고객을 만드는 데 집중한다.

나도 신제품이 나오면 무조건 한 곳의 고객사가 우리 회사 제품을 사용하도록 만드는 데 정성을 쏟아붓는다. 물론 그런 고객은 이미 나와 잘 알고 있거나, 새로운 제품 또는 시스템에 대한 거부감이 없는 편이다. 그렇게 우선 하나의 성공 케이스를 만들면 그다음부터는 세일즈가 시스템화되어 쉽게 진행할 수 있는 이점이 있다. 내가 구구절절 설명하지 않아도 실제 사용하고 있는 고객의 이름만 대면 충분히 이해하고 알아듣기 때문이다. 이렇듯 고객이나 협력업체 중에서 퍼스트 펭귄이 나올 수 있는 세일즈 시스템을 만들어야 한다.

셋째, 내가 일하고 있는 회사의 내부 담당자를 잘 활용할 수 있도록 만들었다. 고객이나 협력업체 입장에서 볼 때에는 내가 우리 회사를 대표하는 영업대표다. 그렇기 때문에 우리 회사와 관련된 모든 질문이 나에게 집중된다. 물론 내가 모든 것을 해결해주면 가장 좋겠지만 현실적으로 그렇게 하는 것은 무리다. 내가 회사의 모든 분야를 다 알 수 없고 각각 담당자가 따로 있기 때문이다. 나는 혼자서 협력업체 30곳을 담당하며 내부 담당자를 잘 활용하는 시스템을 만드는 데 특히 집중했다.

가령 협력업체가 가장 관심을 갖는 부분은 인센티브라는 세일즈 성과에 따른 보상체계다. 현실적으로 돈이 들어오는 부분이기에 관심이 높지만 그분들이 필요로 할 때마다 내가 즉각 답해줄 수는 없었다. 그래서 관련 내용을 협력업체에 공지할 때 내부 담당자 연락처를 추가하여 메일을 보냈다. 직접 커뮤니케이션 할 수 있는 간편한 시스템을 만든 것이다. 처음에는 담당자도 아닌데 문의해도 되겠느냐고 주저하던 분들도 내가 아닌 인센티브 담당자와 논의하면 훨씬 빨리 답변을 받을 수 있다는 것을 차차 깨닫게 되었다. 내가 잘 알지 못하는 분야에 대해 내부 전문가와 직접 연락할 수 있는 세일즈 시스템은 지금도 계속 진행되고 있다. 이런 세일즈 시스템이 가장 잘 갖추어져 있는 곳이 200여 권의 저서를 집필하고, 600여 명의 저자를 배출한 김태광 대장이 운영하는 '한국책쓰기성공협회(이하 한책협)'다.

현재 약 11,500여 명의 회원 수를 자랑하는 한책협은 철저히 시스템에 의해 운영된다. 독자에서 저자가 되고 싶은 사람들은 수도 없이 많다. "성공해서 책을 쓰는 것이 아니라 책을 써서 성공한다"는 일종의 사명을 갖고 있는 김태광 대장은 이를 실천하기 위해 철저히 시스템화하여 한책협을 꾸려왔다. 기본적으로 일일특강을 매월 2회 운영하고 있어 반나절 동안 진행되는 일일특강을 통해 기본적인 책 쓰기의 원리에 대해 이해하고 큰 틀을 배울 수 있다. 그리고 책 쓰기 과정을 통해 실전 책 쓰기 방법도 배울 수 있다.

책 쓰기 과정을 통해 책의 내용을 채워주는 것은 아니다. 다만 책 쓰기라는 큰 그림 아래 필요한 각각의 제목 선정, 장 제목 만들기 및 꼭지 선정하기 등의 디테일한 부분에 대해 알려줌으로써 책을 쓰는 데 실질적인 도움을 준다. 그렇게 차근차근 시스템에 맞춰 배운 사람들은 빠르면 불과 석 달이라는 시간 안에 책 한 권을 완성할 수 있게 된다. 이것이 바로 시스템의 힘이다.

한책협은 시스템화된 다양한 프로그램을 통해 독자에서 저자로 한 걸음씩 나아가도록 돕고 있다. 이렇게 만든 시스템이 성과를 만들어내고 또 다른 고객을 불러온다. 한책협에서 제대로 배운 사람들은 그것을 혼자만 간직하지 않는다. 주위 지인들에게 전달하고 전파하는 전도사가 된다. 사람들은 흔히 주위 사람이 책을 쓰면 부러워하면서 나 역시 저자가 되었으면 좋겠다고 생각하는데 그런 꿈을 가진 사람들에게 한책협의 시스템은 누구나, 언제 어디서나 저자가 되는 가장 빠른 길을 안내하는 것이다.

자전거를 처음 배울 때를 기억하는가? 어릴 때 시작하는 네발, 세발자전거까지는 쉽게 배운다. 안전한 것을 알고 타기 때문이다. 문제는 두발자전거를 배울 때다. 보통 부모님이 뒤에서 자전거의 균형을 잡아주고 있는 것을 확인하고 서서히 혼자서 탈 수 있는 시스템을 배워간다. 처음 배우는 것이 어렵지 한 번 배우면 그다음부터는 부모님 없이도 혼자서 잘 탈 수 있다. 세일즈 시스템도 마찬가지다. 한 번 만드는 것이 어렵고 각각의 세일즈맨에게 최적화된 시스템을 찾기가 힘들긴 하지만 한 번 만들어놓은 세일즈 시스템은 계속 운영된다. 이제 나만의 시스템을 연구하고 만들어보자. 그렇게 세일즈는 시스템으로부터 시작된다.

Lesson 15

결과에 책임지는 세일즈를 하라

성공은 당신이 서 있는 위치가 아니라 당신이 바라보는 방향이다.
- 조지 버나드 쇼

세일즈로 성공하겠다고 결심했다면 자신과 가족, 고객과 회사, 그리고 무엇보다도 고객에 대해 책임감을 가져야 한다. 세일즈맨은 자신이 판매하는 제품과 서비스를 이용해서 고객의 생활이나 비즈니스를 변화시킬 수 있어야 한다. 그것이 진정 고객에 대해 책임을 지는 것이다. 만약 현 상태에서 그러기 힘들다면 새로운 수단을 만들어서라도 만족시켜야 한다. 세일즈맨으로서의 책임을 다하려면 판매하는 제품에 대해 먼저 신뢰할 수 있어야 한다. 그런 경우에만 고객에 대한 책임을 다했다고 할 수 있다. 성공적인 세일즈를 위해서는 이렇듯 한 치의 흔들림도 없는 단단한 마음가짐을 가져야 한다.

2016년, 완연한 가을 정취에 취해 기분 좋은 오후를 보내던 10월의 어느 날 "서 부장님, 급한데 연락 바랍니다"라는 문자가 왔다. 미팅 중이라 전화를 못 받았더니 협력업체 팀장님이 메시지를 보낸 것이었다. 무슨 일이 있나 싶어 서둘러 전화를 했다. 해당 업체는 다른 업체와 입찰 건으로 경쟁을 하고 있다며 판매하려는 소프트웨어의 정확한 사용범위가 소개된 문건을 전달해달라고 했다.

나는 전화를 끊고 관련 자료를 찾기 시작했다. 자료는 금방 찾았지만 문제가 하나 생겼다. 해당 제품의 사용 규정이 바뀐 지 얼마 되지 않아 회사 내의 누구도 협력업체가 원하는 답을 해주기가 어려웠던 것이다. 설상가상으로 담당 마케팅 매니저는 해외 출장 중이었고, 전화나 메일에 대한 답변도 즉시 받기 힘들었다. 협력업체는 아직도 자료 준비가 안 되었냐며 계속 닦달했지만 100% 확실하지 않은 규정을 선뜻 전달할 수는 없었다. 이전에 확실하지 않은 자료를 전달했다가 협력업체와 회사에 수천만 원의 손해를 끼쳤던 뼈아픈 경험이 떠올랐기 때문이다.

나는 결국 관련 자료를 전달하지 못했고 그 협력업체는 해당 계약을 수주하지 못했다. 이후에 나와 같은 업무를 하던 동료의 협력업체가 해당 건을 수주했는데, 자세한 내용을 들어보니 확실하지 않았던 그 자료를 그는 전달했다고 했다. 확신할 수는 없었지만 본인이 책임을 지기로 하고 협력업체에 전달해 성공적인 수주를 이끌어낸 것이었다. 다행인지 불행인지, 해당 자료는 전달해도 되는 자료였다. 그러한 결과에 나는 굉장히 미안했다. 결국 내가 책임을 지지 못한다고 해서 협력업체는 매출 기회를 놓친 것이었다.

결과가 발표된 다음 날 해당 업체를 찾아갔다.

"사장님, 팀장님, 정말 죄송합니다. 제가 실수했습니다. 조심하려 했던 것이 오히려 일을 망쳐버렸네요. 이번 건은 제가 책임을 지고, 다음에 기회가 있으면 꼭 도와드리도록 하겠습니다!"라며 양해를 구했다. 사장님은 그렇게 말해줘서 고맙다며, 세일즈를 하다 보면 이길 때도 있고 질 때도 있는 법이라면서 "다음에 더 좋은 기회를 만들어보시죠!"라고 쿨하게 이해해주셨다.

내가 당시 세일즈 기회를 놓친 것에 대해 내부 담당자가 출장을 가서 답변을 못 받았느니, 자료가 확실하지 않아서 못 주었느니 주절주절 핑계를 댔다면 그 사장님이 이해해주었을까? 아마 그렇지 않았을 것이다. 변명하거나 핑계 대지 않고 내가 한 말에 책임을 지겠다고 솔직하게 이야기한 것이 협력업체 사장님의 마음에 들었던 것이다. 내가 그 협력업체에 금전적인 보상을 한 것은 아니었다. 그렇지만 과정에 대한 잘못을 솔직하게 시인하며 앞으로는 그러지 않을 것이라고 결과에 책임지는 태도를 보였기에 이를 계기로 더욱 신뢰하는 사이가 되었다.

많은 세일즈맨들이 가끔씩 결과와 임무를 혼동한다. 고객과 세일즈맨은 본질적으로 이익을 교환하는 관계다. 세일즈맨은 보수를 받는 만큼 가치를 창출하기 위해 노력하고, 고객은 자신의 예산에 맞춰 최대의 가치를 지니는 구매를 하기 위해 노력한다. 세일즈맨과 고객은 서로에게 프로로 보여야 하고, 서로의 임무를 뛰어넘는 결과를 만들기 위해 노력하고 행동해야 하는 것이다.

수많은 글로벌 기업들이나 세일즈맨들이 저마다 좋은 결과를 만들어내기 위해 항상 변화하려고 노력한다. 그만큼 시장 환경이 빠르게 변하고 있기 때문이다. 이런 상황 속에서 이런저런 핑계를 대며 현실에 안주하는 기업은 성공적인 결과를 만들어내는 기업을 따라잡을 수 없다. 컴퓨터 산업의 선구자인 IBM의 변신 사례는 기업 경영에 있어서 결과가 미치는 영향을 보여주는 좋은 사례다.

IBM은 1980년대까지만 해도 PC시장의 절대적인 강자였다. 그러던 중 업계 환경이 급격히 개편된 1990년대 초부터 위기에 빠지기 시작했다. 당시 IBM은 1970, 80년대에 거둔 눈부신 성공의 환상에 도취되어 있었다. 사업의 규모가 커짐에 따라 전 세계의 직원들이 어떤 일을 하는지 정확히 모를 정도로 기업의 덩치는 커질 대로 커졌다. 또한 성공적인 기업 운영을 유지해오던 IBM은 이익을 추구하기보다 이미 달성한 목표에 안주하며 새로운 도전에 주저했다. '인성 발양, 품질 강조, 지속적인 노력'이라는 IBM의 기본 운영 원칙이 이익을 보호한다는 핑계로 정체되어버린 것이다. 결국 47억 달러의 적자를 입게 된 그들은 기업 분할이라는 선택을 할 수밖에 없었다. 중국의 저명한 전략전문가 장루샹이 쓴 《결과모드》라는 책의 'IBM은 왜 늑대에서 양으로 도태되었을까?'의 내용 중에 이런 말이 나온다.

"누가 시스템 360의 성공을 부인하겠습니까? 하지만 성공에 도취된 IBM은 계속해서 경쟁력을 잃었습니다. 자신들이 백전백승할 것이라는 자만에 빠진 탓이죠."

그러던 중 IBM에 새바람을 일으킨 사람이 나타났다. 루 거스너는 과거의 성공은 아랑곳하지 않고 철저히 결과 지향적인 변화를 시작했다. 그리고 70여 년이 넘는 기간 동안 IBM의 원칙이었던 '해고 없는 정책'에 마침내 방점을 찍었다. 거센 내부의 반발에도 불구하고 3만 5천 명의 직원을 해고한 것이었다. 이것이 IBM 개혁의 시작이었다. 곧이어 조직구조를 분권화하고 계층을 축소했다. 또한 모든 직원이 전문성을 맘껏 발휘할 수 있도록 조직을 수평화했다. 관료화되어 변화를 받아들이는 데 뒤처졌던 IBM을 결과를 만들어낼 수 있는 민첩한 회사로 만든 것이다. 이후 IBM은 '몇 척의 전함'에서 '한 척의 함대'로 변모되었다.

특히 직원들의 실적을 4단계로 나누고 각 단계에 따라 차등적으로 보상하는 거스너의 정책은 큰 변화를 불러왔다. 모든 직원들이 다시 예전처럼 긍정적인 결과를 만들어내기 위해 전력을 다해 일하기 시작했던 것이다.

수십 년 동안 운영되어온 IBM이 위기를 겪은 것도, 이를 극복한 것도 모두 결과에 책임을 지느냐, 그렇지 않느냐에 따라 결정되었다. 과거 조직이 작았을 때만 해도 결과에 책임을 충분히 지는 시스템이었지만, 규모가 커짐에 따라 결과에 서로 책임을 지지 않는 구조가 되었던 것이다. 이와 같이 대부분의 신생 기업들은 결과에 책임지는 구조를 가진다. 하지만 이미 성공을 거둔 기업은 그 기조를 유지하기가 쉽지 않다. 그럴수록 세일즈맨들에게 권한을 주고 그에 따르는 책임을 지도록 해야 한다. 모든 직원들이 하나의 결과를 향해 움직이고 함께 책임질 때 강자의 위치에 있는 기업들도 더욱 발전할 수 있는 것이다. 갈고닦지 않는 칼끝은 언젠가 무뎌지게 마련이다.

결과 중심으로 생각하는 세일즈맨은 어떤 일을 하더라도 고객의 목적과 자신의 목표에 초점을 맞춘다. 생각은 행동으로 나타나고, 행동은 결과로 이어지며, 결국 결과에 의해 세일즈의 성공 여부가 결정되는 것이다. 결과에 책임지는 퍼펙트 세일즈를 하라.

Lesson 16

판매하는 상품에 대해 지속적으로 공부하라

나는 어제보다 더 현명해지지 않은 사람은 대단하게 여기지 않는다.
- 에이브러햄 링컨

2012년, 미국의 한 대형마트에서 어느 고등학생에게 아기 옷과 유아용품 할인 쿠폰을 보냈다. 그러자 해당 여학생의 아버지는 왜 자신의 딸에게 이런 것들을 보냈냐고 따졌다. 어린 학생에게 임신을 부추긴다고 생각했기 때문이다. 그런데 알고 보니 딸은 실제로 임신을 한 상태였다. 그 고등학생은 대형마트에서 구매 패턴을 갑자기 향기 없는 로션으로 변경했고, 먹지 않던 미네랄 영양제를 샀는데 이를 토대로 임신 가능성이 높다는 결론에 이르렀던 것이다. 이는 클라우드 컴퓨팅 서비스를 보여주는 단적인 예다. 클라우드 컴퓨팅 서비스는 전 세계에 퍼져 있는 데이터 센터를 통해 정보를 수집 및 분석해 개인이나 기업 고객들에게 필요한 데이터를 제공해주는 첨단정보서비스다.

'클라우드 컴퓨팅'은 내가 일하고 있는 IT 업계에서 최근 가장 큰 화두이며, 클라우드의 활용은 이미 우리의 일상생활 깊숙이 자리 잡았다. 음악이나 사진, 보고서 및 회사 서류 등을 클라우드 공간에 저장하고 휴대전화, 태블릿 PC, 랩톱 및 데스크톱 등의 기기에서 필요할 때마다 꺼내 작업을 하는 사람들을 우리는 쉽게 만날 수 있다. 업계 내부에서도 그 변화 속도가 과거의 그 어떤 것보다 빨라 따라잡기가 쉽지 않을 정도다.

시장 규모도 급속하게 팽창했다. 미국의 <뉴욕타임즈>는 2016년 12월 26일(현지 시간) 1조 달러(한화 기준 약 1,200조 원)에 달하는 클라우드 컴퓨팅 시장을 두고 마이크로소프트MS, 구글, 아마존, IBM, 드롭박스, 네이버 등이 치열한 경쟁을 하고 있다고 보도했다. 아울러 해당 기업들의 성장세가 향후 미래를 좌지우지하게 될 것이라고 예상했다.

2005년 9월, 회사에 입사해서 가장 먼저 했던 업무 하나가 지금도 여전히 내 기억 속에 강렬하게 남아 있다. 당시만 해도 고객의 라이선스 사용에 있어서 가장 중요하게 여겨지는 것이 '계약서'였다. 같이 일하던 팀장님은 계약서 내용을 정확히 알고 있어야 문제가 안 생긴다며 나에게 계약서를 필사해보라고 했다. 눈으로 보는 것만으로는 모든 내용을 숙지할 수 없으니 실제로 써보며 심도 있게 파악해보라는 의도였다.

업무 시간 이후에 필사를 하면서 '내가 왜 이런 걸 해야 하지?'라며 투덜거리기도 하고, 일부러 예정된 일정보다 늦게 진행하기도 했다. 그런데 라이선스 관련 조항과 규정에 대해 꼼꼼히 공부한 것이 추후 고객과의 미팅에서 굉장히 도움이 되는 것을 피부로 느꼈다. 아무래도 고객보다 내가 더 많은 지식을 가지고 있기에 내가 원하는 바를 비교적 쉽게 얻어낼 수 있었던 것이다.

한데 지금은 상황이 완전히 바뀌었다. 이제 고객들은 언제 어디서나 제품 및 서비스에 관련된 내용을 쉽게 습득할 수 있다. 오히려 세일즈맨들보다 상품에 대한 정보를 더 많이 갖고 있는 경우도 있다. 따라서 이제 내가 일하고 있는 회사의 제품 정보만으로는 충분하지 않다. 동종 업계 경쟁회사들의 정보도 충분히 알고 있어야 한다. 내가 판매하고자 하는 제품에 대해서만 설명하면 고객은 더 이상 나의 말을 신뢰하지 않는다. 그저 자기 할 말만 하는 한심한 세일즈맨으로 생각할 뿐이다.

최근 어느 고객과의 미팅에서 발생한 일이다.

"서 부장님, M사가 좋은 건 알겠어요. 하지만 해당 마켓에서 1등 사업사가 아닌 건 아시죠?"

"네, 팀장님, 맞습니다. 우리 회사는 이 시장에 비교적 늦게 뛰어들었지만, 경쟁회사를 빨리 따라잡기 위해 많은 노력을 하고 있습니다."

"그런데 경쟁사 A는 가상화의 데이터베이스 사용 부분 기능이 훨씬 좋다고 들었는데, M사는 같은 부분에서 어떤 경쟁력이 있죠?"

"아…, 그건…, 내부 담당자에게 확인한 후 알려드리겠습니다."

미처 예상치 못한 질문이었다. 나는 그저 내가 설명해야 할 부분만 열심히 떠들고 있었는데, 고객이 전혀 예상 못한 예리한 질문을 했던 것이다. 미팅을 마치고 나오면서 쥐구멍에라도 숨고 싶은 심정이었다. '내가 이것밖에 안 되나?', '나도 공들여 공부한다고 했는데 고객이 더 많이 알고 있구나'라고 생각하며 재빨리 고객사를 빠져나왔다. 물론 그 이후로 해당 고객을 다시 찾아갈 수는 없었다. 자괴감이 몰려왔지만 더 공부하는 수밖에 없었다.

요즘 사람들은 운전을 할 때 내비게이션이 가장 빠른 길을 안내해주는 것을 당연하게 생각한다. 그런데 출근 시간에 차가 막힐 것 같으면 좀 더 일찍 알람을 울려 잠을 깨워주거나, 집 밖에서 알아서 감지해 모든 전등을 끄고 가스 밸브를 잠그는 스마트 기기의 사용이 일상화될 날도 머지않았다. 이처럼 클라우드 컴퓨팅을 시작으로 사물인터넷Internet of Things: IoT과 빅데이터 등이 융합된 산업은 빠른 속도로 발전하고 있다. 특히 클라우드 컴퓨팅은 4차 산업혁명의 주요 분야로 방대한 정보를 처리하는 핵심기술이다. 4차 산업혁명은 정보통신기술ICT을 기반으로 산업 간의 장벽이 없어지는 미래 산업융합시대를 일컫는다.

클라우드 컴퓨팅은 이미 금융, 석유화학, 교통, 공공기관 등 다양한 산업에서 활용되고 있다. 또한 컴퓨터가 스스로 지식을 습득하는 '머신러닝'이나 IoT 등과 같은 인공지능이 발달할수록 빅데이터 등과 더욱 밀접하게 연계되어 번창할 전망이다. 예를 들어 열 살 딸이 평소 좋아하는 물건이나 성향 등을 입력한 뒤 어떤 생일 선물을 사주는 것이 좋을지 물어보면 인공지능이 빅데이터를 기반으로 최신 유행 제품이나 같은 또래의 구매 성향 등을 수집 및 분석해 추천 상품을 골라줄 수 있게 되는 것이다.

클라우드 컴퓨팅이 다방면에서 쓰이고 있는 만큼 고객들도 그에 대해 많이 공부하고 지식을 쌓고 있다. 오히려 판매하는 세일즈맨보다 더 많이 공부한다. 그런 것도 모르고 우물 안 개구리처럼 나는 내가 아는 것만 설명하면 된다고 생각하고 있었다.

고객들은 앞으로 사업 확장을 통해 활용하게 될 수많은 역량을 고대하고 있다. 그런 고객들을 만족시키기 위해서는 판매하는 상품에 대해 지속적으로 공부를 해야 한다. 전문가라고 하더라도 제품에 대한 공부를 게을리하면 금방 표시가 나고, 경쟁자에게 뒤처지게 마련이다. 무엇보다 자신만의 기본적인 세일즈 경쟁력을 위해서라도 공부는 필수다.

미국의 여성운동가 애비게일 애덤스는 "배움은 우연히 얻어지는 것이 아니라 열성을 다해 갈구하고 부지런히 집중해야 얻을 수 있는 것이다"라고 했다. 세일즈도 마찬가지다. 세일즈 환경은 항상 변화하고 진화한다. 한곳에 고립되어 현재의 흐름과 단절되는 갈라파고스가 되지 않아야 한다. 공부하는 세일즈맨만이 살아남는다.

Perfect Sales

CHAPTER 3

퍼펙트 세일즈를 위해 꼭 알아야 할 것들

대부분의 세일즈맨들은 고객에게 무조건 접근해서 '열 번 찍어 안 넘어가는 나무 있겠어?'라는 심정으로 될 때까지 요청한다. 물론 그렇게 우직하게 접근하는 세일즈도 통할 때가 있을 것이다. 하지만 요즘 고객은 점점 진화하고 있다. 세일즈를 시작할 때 그 성패를 좌우하는 것은 바로 고객의 원츠에 대한 가치를 전달하는 것이다.

Lesson 17

거절에 대처하는 세일즈맨의 자세

항의하는 사람들은 하찮은 것을 가지고 흠잡는 사람들이 아니며,
오히려 구매자들을 대표하는 보다 광범위한 샘플이 되는 사람들이다.
- 아서 베스트

"서 차장, BC대학교에서 빨간불 Alert가 떴네. 한번 알아봐야겠다!"

"네, 알겠습니다, 팀장님. 한번 확인하고 업데이트해드리겠습니다."

"그래, 회사에서 중요하게 생각하는 경쟁사와의 비교야. 알지?"

"네, 고객을 만나 정확히 파악해보도록 하겠습니다."

2014년 10월의 어느 월요일 오전, 주간 업무회의 시간 때 팀장님이 BC대학교에서 경쟁사의 제품을 이미 사용하고 있다는 본사의 보고서를 전달받았다고 했다. 당시 회사에서는 경쟁사 제품을 사용하고 있는 고객에 대해 특별 보고서를 만들어 배포하고 있었다. 경쟁사에 고객을 뺏기면 세일즈에 치명적인 영향을 끼칠 수 있기에 각 지사들이 노력해 그런 사례를 만들지 않도록 노력해야 한다고 강조해왔기 때문이다. 중요한

사항인 만큼 팀장님은 어떻게 진행되고 있는지 자세히 확인해보라고 당부하셨다.

나는 호기롭게 대답했지만 미팅 후 방을 나서면서 굉장히 난감했다. 다시 대학교 담당 영업대표를 맡은 지 얼마 되지도 않았고, 담당하게 될 고객사들에 대한 파악도 미처 끝내지 못한 상태였다. 특히 해당 고객은 지방에 있었고, 인수인계를 받을 때 특이사항도 없었던 터라 더욱 당황스러웠다.

당시 내가 맡고 있던 업무 영역에는 경쟁사 제품을 사용하는 고객을 파악해 다시 우리 회사 제품을 사용하도록 윈백 하는 작업이 포함되어 있었다. 일면식도 없는 고객을 어떻게 만나야 할까 고민하던 중 다행히 같이 일하는 차장님이 고객사 담당자의 연락처를 알고 있다며 건네주셨다.

낯선 전화번호와 담당자 이름이 적힌 메모지를 보며 나는 한참을 고민했다. '무작정 연락을 해야 하나?', '누군지도 모르는데 전화를 하면 받을까?', '개인정보를 어떻게 알았냐고 화를 내지는 않을까?' 등등 온갖 부정적인 생각들이 가득해 이러지도 저러지도 못하며 하루를 보냈다. 그때 내가 담당하고 있는 고객사들은 벤더기업에서 직접 연락하는 것을 좋아하지 않았다. 연락을 하면 아무 문제 없으니 다시 연락할 필요 없다며 부정적인 반응을 보이는 경우가 대다수였기에 많이 망설여졌다.

다음 날이 되어서도 계속해서 고민하다 '어떻게든 되겠지!'라고 생각하며 무작정 고객에게 전화를 했다. 한참 통화음이 울린 후 고객의 목소리가 들렸다. 나는 대뜸 "안녕하세요, 저는 한국마이크로소프트의 대학교 담당 영업대표 서명식 차장입니다. BC대학교 ○○ 선생님이시죠?" 라고 나에 대해 간단히 소개한 뒤 왜 전화했는지 속사포 같은 속도로 말하며 내가 할 말을 우선 끝냈다. 그리고 상대의 답을 기다렸다. 아니나 다를까, 고객은 "저희는 아무 문제 없으니 연락 안 주셔도 됩니다"라며 그냥 끊어버렸다. 다른 때 같았으면 나도 그냥 넘어갔을 테지만 해당 고객이 경쟁사의 제품을 사용하고 있어 회사에서도 주시하고 있는 중이었기에 다시 연락을 해서 만나 뵙고 드릴 말씀이 있다고 사정한 끝에 고객이 편한 날짜에 약 10분 정도 이야기할 시간을 겨우 얻었다.

약속 시간에 고객을 만나 정식으로 내가 누구인지, 어떤 목적으로 미팅을 하고자 했는지, 다시 우리 제품을 사용하면 어떤 점이 좋아질 것인지 등에 대해 설명을 했다. 하지만 고객은 지금 업무가 많다며 정중하게 우리 회사의 제품 사용을 거절했다. 고객의 입장도 충분히 이해는 되었다. 경쟁사의 제품을 사용한 지 6개월도 채 지나지 않았고, 동일한 내부 시스템의 운영에 다시 투자를 한다는 것이 쉽지 않을 수밖에 없었기 때문이다. 그렇지만 나도 그대로 물러설 수는 없었다. 그래서 다른 접근 방법을 생각하기 위해 우선 바쁜 시간을 내주시고 거절 의사를 밝혀주셔서 오히려 감사하다고 인사한 뒤 돌아섰다.

'어떻게 하면 고객의 마음을 돌릴 수 있을까?' 계속 고민하다가 우선 고객과 친해져보기로 했다. 이후 지방 출장을 갈 일이 있으면 무조건 해당 고객을 방문하는 동선으로 일정을 짰다. 자리에 있으면 있는 대로, 없으면 없는 대로 '나는 고객과 친해지고 싶은 세일즈맨입니다'라는 메시지를 던지며 약 2개월 동안 일주일에 1회 정도 꾸준히 방문했다. 그런 내가 다소 불쌍히 여겨졌는지 어느 날 "그럼 이야기 좀 자세히 들어봅시다"라며 시간을 넉넉히 내주었고, 나는 내부 업무 담당자와 함께 방문하여 본격적으로 업무 미팅을 할 수 있었다.

고객은 업무 시스템이 이미 구축되어 있어 우리 회사의 업무 시스템을 새로 도입하는 것은 현실적으로 어렵다고 솔직히 말해주었다. 같이 미팅에 참석한 분들과 고민한 끝에 그럼 기존의 시스템과 신규 시스템을 같이 사용해보는 것이 어떻겠느냐는 의견이 나왔다. 우리도 고객에게 일방적으로 시스템 변경을 제안하는 것은 무리가 있었기 때문이다. 고객의 입장에서도 기존의 시스템을 바꾸지 않으면서 신규 업무 시스템과 비교해보는 좋은 기회가 될 수 있기에 승낙을 받아낼 수 있었다. 그렇게 미팅을 끝내고 다시 약 1개월 동안 작업이 시작되었다.

IT 시스템의 새로운 도입은 기존 사용자들이 상대적으로 거부감을 많이 느끼는 작업이다. 관리자의 경우 기존 업무에 추가 업무가 생겨 부담이 되고, 사용자의 경우 시스템을 변경하면 기존의 업무 처리 방식에 많은 변화가 생기기 때문이다. 이러한 사정을 잘 알고 있던 터라 고객의 업무 범위에 방해가 되지는 않는지, 업무에 과부하를 주는 것은 아닌지 등 꾸준히 고객의 움직임을 살폈다. 물론 해당 시스템을 구축하는 협력업체에도 이 고객은 이미 다른 업무 시스템을 사용하고 있음에도 불구하고 우리 제품을 함께 사용해보기 위해 시스템 도입을 하는 것인 만큼 최대한 친절히 대해줄 것을 요청했다.

가장 큰 고비는 마지막 테스트를 위해 고객이 업무 시간을 넘긴 밤에 작업을 해야 하는 것이었다. 그동안 작업을 하며 친해진 덕분인지 다행히 고객은 흔쾌히 시간을 내주었고 마무리 작업도 원만하게 진행되었다. 고객의 입장에서는 내부적으로 새로운 시스템을 도입해 다양한 운영 방식을 선택해보는 명분을 얻었고, 나는 경쟁사 제품을 사용하고 있는 고객이 우리 회사 제품도 같이 사용하는 환경을 만드는 실리를 얻을 수 있는 세일즈 경험이었다.

많은 세일즈맨들이 고객의 거절을 두려워한다. 물론 나도 마찬가지였다. 위의 사례는 고객이 마침 적극적으로 호응해주는 분이어서 성공적으로 마무리된 것일 수도 있다. 하지만 고객이 거절했다고 처음부터 포기했다면 아무 일도 진행하지 못했을 것이다.

성공적인 세일즈를 위해 고객의 거절을 두려워하지 않는 것은 제품이나 서비스를 파는 것만큼 중요하다. 거절당했다고 해서 포기할 것이 아니라 오히려 거절을 기쁘게 맞이하고 적절히 대처해야 한다. 거절을 겪지 않고서는 세일즈를 할 수 없기 때문이다. 오히려 고객의 거절을 통해 내가 가진 세일즈 방식과 세일즈 대상이 올바른지 판단하는 좋은 기회가 될 수도 있다. 나도 막상 거절당했을 때에는 당황스럽고 어떻게 해야 할지 전혀 몰랐지만, 오히려 한 발 물러나 고객을 어떻게 설득할 것인지 충분히 고민한 끝에 세일즈를 시작할 수 있었다.

세일즈 프로들은 거절을 피하기보다 오히려 유도한다. 반면 세일즈 패배자들은 똑같은 거절을 몇 번씩 당하면서도 아무런 조치를 취하지 않는다. 처음부터 완벽한 제품이나 서비스는 없다. 사소하든 중대하든 처음부터 고객을 완벽하게 만족시킬 수는 없다. 그래서 나는 고객이 만족할 만한 완벽한 해법을 처음부터 제시하는 것보다 어떻게 고객의 문제와 관심을 충족시킬지에 관심을 둔다. 그러면 고객의 거절 이유를 충분히 이해할 수 있다.

고객의 거절은 당연한 것이다. 고객의 거절로부터 세일즈는 시작되며, 거절을 두려워하지 않을 때 성공적인 퍼펙트 세일즈를 할 수 있다.

Lesson 18

고객에게 원츠의 가치를 전달하라

고객은 제자리에 머물러 있지 않는다.
영원한 고객 요구 리스트란 이 세상에 존재하지 않는다.
- 조셉 주란

고객들은 무언가를 사는 것은 좋아하지만 판매당하는 것은 싫어한다. 그렇기 때문에 대부분의 고객은 판매를 강요하는 듯한 세일즈맨을 싫어한다.

세일즈맨은 고객이 원치 않는 물건을 강제로 판매하고 수익을 내는 사람이 아니다. 오히려 세일즈맨은 고객이 필요로 하고, 원하는 제품을 판매해서 돈을 벌고 싶어 한다. 나는 세일즈를 시작하기 전 고객의 원츠를 파악한 경험이 있다.

2003년 11월, 군복무를 마치고 복학을 준비하고 있을 때였다. 제대하면 열심히 공부할 결심을 했던 터라 겨울방학 동안 학교 기숙사에서 지내기로 했다. 문제는 기숙사 비용을 충당할 방법을 찾는 것이었다. 제대후에는 부모님께 손을 벌리지 않기로 다짐했기에 나 스스로 비용을 마련할 수 있는 방법을 찾기로 했다. 단기간에 돈을 많이 벌 수 있는 아르바이트를 찾던 중 아파트 공사 현장에서 일주일 동안 일할 알바생을 구한다는 광고를 학교 인터넷 게시판에서 발견했다. 다행히도 일주일만 일하면 겨울방학 동안의 기숙사비를 충분히 마련할 수 있었다. 나는 바로 전화를 걸었다. 그리고 그 다음 주 월요일부터 출근을 하기로 했다.

첫 출근 날, 새벽 5시에 일어나 첫차를 타고 공사 현장으로 향했다. 그해 12월의 아침 공기는 몹시 차가웠지만, 제대만 하면 뭐든 할 수 있을 것 같은 긍정적 생각이 워낙 강했던 시기라 그 바람마저 상쾌하게 느껴졌다. 6시에 아파트 공사 현장에 도착해 나를 뽑아주신 사장님을 만났다. 사장님은 일주일 동안 내가 할 일을 하나씩 알려주시며 다치지 않고 맡은 일을 꼼꼼하게만 해주면 된다고 말씀하셨다. 다섯 명이 한 팀으로 움직였는데, 내가 할 일은 필요한 업무를 옆에서 보조해주는 것이었다. 팀원 분들은 다들 현장에서 오랜 기간 손발을 맞춰왔던 터라 호흡이 잘 맞았다.

첫날은 따라잡기가 쉽지 않았지만, 갓 제대한 군인의 마음가짐으로 군말 없이 하루하루를 지냈고 어느덧 일주일이 훌쩍 지나갔다. 그렇게 일주일을 보내고, 마지막 날에 사장님은 모두 함께 회식을 하자고 제안하셨다. 나도 그냥 헤어지기는 아쉬웠기에 감사한 마음으로 기꺼이 참석했다. 일주일 사이에 정이 들었는지 같이 일했던 팀원 분들도 꽤 섭섭해하셨다. 나도 비슷한 감정이 들어 복학만 아니면 더 일할 수 있었을 텐데 아쉽다며 이런저런 이야기를 나누었다. 모두 참석한 1차를 마무리하고, 2차로 사장님과 단둘이 맥주 한잔을 하러 갔을 때 사장님이 불쑥 이렇게 말씀하셨다.

"명식아, 난 네가 마음에 드는데 내 밑에서 일 한번 제대로 배워보지 않을래?"

"사장님, 저는 일한 지도 얼마 되지 않았고 많이 서투릅니다. 형님들이 일을 훨씬 잘하잖아요."

"아니야, 걔네들은 벌써 일한 지 꽤 되어서 머리가 너무 컸고 내 말도 잘 듣지 않아."

"사장님, 감사합니다. 그런데 전 복학도 해야 하고, 학교도 마쳐야 합니다."

"그래, 복학한다는데 말릴 수는 없지."

"네, 그렇게 생각해주시는 것만으로도 감사합니다."

사장님과 팀원들은 한 팀을 이루어 전국의 공사장을 다니며 일한 지 5년 정도 되었다고 했다. 처음에는 나처럼 나이도 어리고, 시키는 일도 잘하던 팀원들이 시간이 흐르면서 나름대로 주관도 생기고 현장의 생리도 알게 되면서 독립을 하고 싶어 한다고 했다. 팀원으로서 지속적으로 일자리를 가지고 생활을 하는 데에는 큰 무리가 없지만 더 큰 돈을 벌기 위해서는 독립을 해야 했다. 나만의 팀을 꾸리고 현장에 다녀야만 독립된 사업체와 같은 운영이 가능했다. 또 다들 결혼하고 애기들도 생겼기에 돈이 더 많이 들어갈 시점이었던 것이다.

그제야 나는 왜 팀원들이 사장님이 안 계시면 적당히 일하라며 할 일을 묵묵히 하는 나를 이상히 여겼는지 이해가 되었다. 사장님은 이렇게 잔머리를 굴리는 팀원보다 성실하게 맡은 일을 꾸준히 하는 팀원을 필요로 했다. 갓 제대한 나는 지각도 하지 않고, 무엇보다 시키는 일을 군말 없이 했다. 그러니 사장님이 좋아할 수밖에 없었다. 즉, 사장님의 원츠에 나는 최적화된 가치를 전달했던 것이다. 나의 개인적인 사정으로 그만둘 수밖에 없었지만, 가끔씩 그 일을 계속 했더라면 나의 인생은 어떻게 바뀌었을까 생각해보곤 한다.

내가 당시에 세일즈를 알았던 것은 아니다. 더욱이 사장님의 원츠를 파악해서 그분의 원츠에 맞는 가치를 전달하고자 노력했던 것은 더더욱 아니다. 다만 운이 좋게 내가 했던 행동들이 사장님의 원츠에 맞았고, 나는 그 가치를 인정받았던 것이다. 세일즈를 할 때 가장 필요한 것 중 하나가 이렇게 고객의 원츠에 맞는 가치를 전달하는 것이다.

조선시대에 한양의 한 거상이 다른 지역에 큰 가게를 열게 되어 그 가게를 이끌어갈 주인을 뽑기 위해 자기가 데리고 일하던 종업원들 중 장사를 잘하는 세 명을 뽑아 실험을 했다. 일주일 동안 절에 가서 각자 빗을 팔아오라는 말도 안 되는 실험이었다. 종업원들은 투덜대며 절로 갔다.

일주일 후 결과를 보니 첫 번째 사람은 스님에게 사정사정하여 빗 한 개를 팔고 돌아왔다. 두 번째 사람은 절 입구에 서서 바람에 머리가 헝클어진 신도들에게 "부처님을 뵈려면 이 빗으로 헝클어진 머리를 단정히 빗어야 한다"는 말로 열 개를 팔았다. 마지막으로 세 번째 사람은 무려 만 개를 팔았다. 그는 주지스님께 이런 제안을 했다.

"빗에 부처님 얼굴을 새기고 싶습니다. 주지스님께서 신도들에게 복을 가져다주는 빗이라고 이야기만 해주십시오. 그리고 부처님 오신 날에 신도들에게 선물용으로 사용해도 좋을 것입니다. 수익금의 80%는 부처님께 시주하겠습니다."

세 번째 사람은 고객의 원츠를 제대로 파악했다. 철저히 주지스님의 입장을 헤아려 가치를 전달한 것이다.

많은 세일즈맨들이 준비되지 않은 고객에게 다가가 제품이나 서비스를 사달라고 요청하곤 한다. 그렇지만 도와달라는 요청에 선뜻 구매를 결심하는 고객은 없다. 고객의 원츠에 대한 가치를 전달할 때 세일즈맨이 요청하지 않아도 고객은 구매를 결심한다. 고객에게 도와달라고 하기 전에 오히려 내가 먼저 고객의 입장에서 고객이 원하는 것의 가치를 제대로 파악하고 있는지 확인하고 세일즈 전략을 세워야 한다.

물론 '열 번 찍어 안 넘어가는 나무 있겠어?'라는 심정으로 될 때까지 우직하게 접근하는 세일즈도 통할 때가 있을 것이다. 하지만 요즘 고객은 점점 진화하고 있다. 세일즈를 시작할 때 그 성패를 좌우하는 것은 바로 고객의 원츠에 대한 가치를 전달하는 것이다. 처음부터 고객의 원츠를 파악하고 그에 대한 가치를 전달할 때 세일즈의 성공 확률이 높아질 수 있다. 고객의 원츠에 대한 가치를 전달하는 일은 반드시 필요하고, 세일즈맨들이 갖춰야 할 필수 덕목이다.

Lesson 19

고객의 니즈를 재빨리 파악하라

성공의 첫 번째 법칙은 집중이다.
- 윌리엄 매튜스

1980년대만 해도 우리나라에서 5인 이상 가구가 50%를 넘었지만, 2015년에는 1~2인 가구가 50%를 넘어섰다. 이런 트렌드에 맞춰 방송 프로그램에서도 1인 가구를 중심으로 한 나 홀로 문화를 많이 비춰준다. 불과 몇 년 전까지만 해도 식당에서 혼자 테이블을 차지하고 앉아 밥을 먹으면 주위의 눈치를 보느라 식사도 제대로 하기 힘들었고, 극장에서 영화를 혼자 본다는 것도 상상하기 힘든 분위기였다. 하지만 이제는 달라졌다. 자발적으로 '혼족'이라 칭하며 혼술, 혼밥 등을 즐기는 나 홀로 문화가 사회의 큰 흐름으로 자리 잡고 있다.

1인 가구의 증가로 가장 큰 변화를 겪고 있는 유통 업계는 편의점의 출점을 앞다투어 늘리고 있다. 산업통상자원부의 자료에 따르면 1인

가구가 가장 많이 이용하는 편의점의 매출 성장률(전년 대비)은 2015년 26.5%로 전년도 성장률(8.3%)의 세 배가 넘는 것으로 나타났다. 더불어 1인을 위한 소포장 제품의 매출이 늘어나고 있고, 여가와 관련해서도 1인 쇼핑, 1인 노래방, 1인 미용실, 1인 전용 좌석이 마련된 식당들이 증가하고 있다. 또한 1인 가구가 증가하면서 개인들의 장보기 습관도 가까운 데서 필요한 만큼만 사는 방식으로 변화하고 있다. 1인 가구의 증가에 따라 기업의 세일즈 패턴도 변화하고 있고, 창업을 준비하는 사람들도 1인 가구 맞춤형 아이템에 더 관심을 쏟고 있다. 시대에 따라 변화하는 고객의 니즈에 맞춰 창업도 맞춤형 트렌드를 보이고 있고, 모든 업계가 고객의 니즈 변화에 따라 재빠르게 진화하고 있는 것이다.

"서 차장님, 죄송한데 저 가이드가 좀 거시기 하네요."

1년에 한 번 본사 주최로 트렌드와 업계의 동향을 접할 수 소중한 기회를 제공하는 해외 컨퍼런스가 베트남에서 진행되었을 때 같이 행사에 참여한 협력업체 사장님이 나에게 조심스럽게 말씀하셨다.

월요일부터 목요일까지 일정이 빡빡하게 진행되었고, 남은 하루 휴식 겸 기분 전환을 위해 1일 투어를 할 수 있는 현지 여행사를 급히 섭외했었다. 해외여행이나 컨퍼런스 참여 경험이 많은 분들이라 특별히 경험이 많은 현지 가이드를 여행사에 부탁했었는데 급히 섭외한 탓에 신입 직원이 우리 팀에 배정되었던 것이다.

한국에 신입으로 입사하여 베트남 현지에서 일하게 된 지 6개월쯤 되었다는 그 가이드는 한눈에 봐도 긴장한 티가 역력했다. 약간의 우려와 불안감을 갖고 시작된 현지 1일 투어는 첫 번째 장소에서부터 문제가 발생했다. 유명 관광지에 도착했는데 입장권도 준비되어 있지 않고, 현지 안내인도 나타나지 않았던 것이다. 곳곳에서 "이게 뭐냐!"는 불만이 터져 나왔지만 급히 입장권을 준비하여 위기를 넘겼다. 하지만 그건 임시방편에 불과했다. 가이드는 연달아 실수를 했고, 결국 점심식사 장소에서 모두가 폭발했다. 가이드가 예약도 확인하지 않고 엉뚱한 곳으로 안내를 했기 때문이다.

결국 팀장님과 나는 여행사에 가이드를 바꿔달라고 요청했다. 그냥 하루 정도 참고 넘어갈 수도 있었지만 마무리가 좋지 않으면 전체 행사에 대한 이미지가 나빠질 것이라고 판단했기 때문이다. 여행사에서는 계약 조항에 없는 사항이라며 난색을 표했지만 우리도 그대로 물러설 수는 없었다. 약간의 실랑이 끝에 다행히 새로운 가이드로 즉각 대체되었다.

새로 온 가이드는 현지 경험이 풍부하고, 현지어도 가능했다. 특히 현지 생활을 5년 넘게 했던 터라 일정에도 없던, 일반 여행에서는 갈 수 없는 곳에도 들르는 등 적극적인 모습을 보여주었다. 다행히 남은 시간 동안 모두가 만족스러워하며 현지 1일 투어를 끝냈고, 해당 컨퍼런스에 만족하며 한국으로 돌아올 수 있었다.

대부분의 고객들은 체면 때문에, 생각보다 소심해서, 이야기하기 조심스러워서 등등 여러 이유로 원하는 바를 직접 이야기하기 꺼려한다. 그런데 이런 점은 세일즈맨들을 더욱 힘들게 한다. 다행히 그 행사의 경우에는 한 분이 살짝 이야기를 해주었기에 우리는 고객들의 니즈를 정확히 알 수 있었다. 한 명의 고객이 넌지시 던진 한마디가 어떤 의미인지 우리는 정확히 알아냈고, 고객들의 니즈를 충족시켜주기 위해 변화를 꾀했다. 만약 우리가 처음에 계획했던 대로만 고집했다면 고객들은 만족하지 못하고, 앞에서는 내색 못해도 불만족스러운 행사로 영원히 기억에 남았을 것이다. 제품이나 서비스를 제공할 때 가장 중요한 것은 고객이 원하는 것을 정확하게 파악하는 것이다. 고객이 지나가듯이 하는 한마디도 소홀히 생각하거나 흘려들어서는 안 되는 이유다.

아내와의 연애 시절 내가 이 여자를 반드시 잡아야겠다고 생각한 결정적인 이유도 그녀가 나의 니즈를 정확히 파악하고 재빨리 솔루션을 제공해주었기 때문이다. 세일즈를 하면서 많이 나아지기는 했지만, 나의 태생적인 성격은 다소 소심하고 결정을 못하는 면이 있다. 특히 처음 소개팅으로 만나는 여자와 어디서 만날 것인지, 무엇을 먹을 것인지 결정하는 것은 가장 큰 난관이었다. 그래도 몇 번의 경험과 주위의 추천을 통해 첫 만남 장소는 내가 결정했다. 문제는 다음 만남을 어떻게 이어갈 것인가 하는 것이었다.

내가 속으로 한창 고민을 하고 있으면 마치 나의 마음을 읽은 듯이 그녀는 "여기가 맛집이라고 하는데 다음에 만날 때 같이 가봐요!", "평소 눈여겨봤던 집인데 여기 어때요?"라고 말하며 오히려 적극적으로 의사 표현을 해주어 데이트할 때 나의 부담을 한껏 덜어주었다. 결국 더욱 호감을 느낀 나는 적극적으로 구애를 했고, 지금은 한 쌍의 부부가 되어 아이까지 낳고 잘 지내고 있다. 이제 와서 그때의 일을 말하면 아내는 "내가 그랬나요?"라고 하며 기억이 잘 나지 않는다고 이야기한다. 그렇지만 의

도했든 안 했든 그녀는 내가 알려주지 않았던 니즈까지 정확히 파악하고 재빨리 필요한 솔루션을 제시하는 퍼펙트 세일즈를 한 것이다.

세일즈를 하면서 '내가 고객이 된다면 어떨까?'라는 생각을 많이 한다. 내가 고객의 입장에서 불편했던 기억은 좋게 만들기 위해 노력하고, 좋았던 경험은 더 좋은 방향으로 만들려고 노력한다. 고객의 입장에서 고민하고 고객의 눈높이에 맞는 제품과 서비스를 제공해야 하기 때문이다. 제품과 서비스에 대한 만족의 기준은 모두 다르고, 그 기대를 충족시키지 못한다면 성공적인 세일즈가 될 수 없다.

나는 내가 어떤 때 가장 불만족스러워하고 다시는 구매하지 않아야겠다고 생각했었는지 떠올려보았다. 그건 바로 내 입장은 고려하지 않고 세일즈맨의 입장에서만 일방적으로 이야기할 때였다. 쇼핑을 할 때 나는 혼자서 둘러보는 것을 좋아한다. 그런데 매장의 성격이나 운영방침에 따라 "무엇을 도와드릴까요, 손님? 이번 신상품은 저쪽에 진열되어 있는데 제가 추천해드리겠습니다"라며 요청하지도 않은 친절을 과도하게 베푸는 경우가 있다. 그러면 그런 대응이 너무 부담스러운 나는 즉시 매장을 떠난다. 내가 유별스러운 것일 수도 있고, 그런 적극적인 대응을 좋아하는 손님도 있을 수 있다. 하지만 나의 경우 오히려 "손님, 방문해주셔서 감사합니다. 혹시 필요한 것이 있으면 알려주세요. 저희는 매장에 계속 있습니다"라며 나에게 생각할 시간과 공간을 주는 편이 보다 만족을 안겨주고 구매로까지 이어지는 편이다.

제품과 서비스가 아무리 좋아도 고객의 니즈를 정확히 알지 못하면 성공적인 세일즈가 될 수 없다. 마케팅의 대가 필립 코틀러는 고객의 니즈 발견이 마케팅의 출발점이라고 말했다. 고객의 숨겨진 니즈를 파악하고 고객의 니즈를 재빨리 제공하는 세일즈를 해야 할 때다. 고객의 니즈를 먼저 파악하고 필요한 제품과 서비스를 제공한다면 그 세일즈는 이미 성공한 것이다.

Lesson 20

고객을 만날 때에는 자존심을 버려라

지금까지 그 모든 것을 다 참아냈는데 이번이라고 못 견디겠는가.
- 한스 팔라다

사전상에 '자존심'이라는 단어의 뜻은 '남에게 굽히지 않고 스스로의 가치나 품위를 지키려는 마음, 또는 스스로의 가치나 품위를 높이려는 마음'이라고 나온다. 세일즈를 할 때 가장 힘든 경우 중 하나가 자존심이 상할 때다. 세일즈맨으로서 나에게는 고객이 왕이고 갑이며, 나는 매번 찾아가고 어필하고 때로는 고객의 눈높이에 맞게 세일즈를 하려고 노력한다. 그런데 세일즈맨이라고 하면 처음부터 냉정한 얼굴을 하거나 위압감을 느끼게 하는 고객을 볼 때면 '내가 이러려고 세일즈를 했나' 하는 자괴감에 빠지는 경우도 종종 있다.

나는 대학교의 영업대표를 할 때 교수님들과 대화하면서 자존심 상하는 경험을 한 적이 있다. 전공 분야의 박사 학위가 있고, 관련 지식도 풍부한 교수님들과 대화를 하다 보면 가끔씩 논점에서 벗어나는 주제로 이야기하고 있는 서로를 발견하곤 했다. 내가 교수님들의 이야기를 알아듣지 못할 때도 있었고, 세일즈 관련 이야기를 하는 것은 격이 떨어진다고 생각하는 몇몇 교수님들이 원래 주제에서 벗어나는 대화를 해나갈 때도 있었다. 특히 내가 일하는 업계의 가장 큰 화두 중 하나인 '클라우드'와 관련해 논의드리기 위해 만났던 한 교수님과의 일화가 아직도 기억 속에 또렷이 남아 있다.

당시 나는 클라우드와 관련해 대학교들을 대상으로 어떤 세일즈를 할 것인지 같이 일하던 직장 동료와 몇 날 며칠을 고민했다. 교육기관들의 경우 보수적인 면이 있어 새로운 제품이나 서비스를 받아들이는 데 상대적으로 느린 경향이 있기 때문이다. 결국 마땅한 세일즈 방법을 찾아내지 못한 우리는 정면 돌파를 해보기로 했다. "무식하면 용감하다"는 말처럼 해당 제품을 사용할 가능성이 있는 교수님들께 전화를 해 약속을 잡고 직접 방문해서 설명하기로 한 것이다. 교수님들과의 약속은 대부분 과사무실이나 조교를 통해 잡고, 직접 연락을 하는 경우가 흔치 않았는데 우리는 그런 관례를 한번 깨보기로 했다. 다만 몇 차례 시도해본 결과 약속 없이 방문하면 만남이 성사되지 않는다는 것을 깨닫고 우선 몇몇 대학교부터 전화를 걸어보기 시작했다.

몇 차례 전화를 시도한 끝에 한 대학교 교수님과 약속을 잡았다. 다행히 흔쾌히 오라고 해주셔서 우리는 약속 시간에 맞춰 연구실을 방문했다. 그 교수님은 처음 만나는데도 불구하고 굉장히 친절하게 대해주셨다. 때마침 중간고사 기간이라 시험 관련 이야기를 하면서 자연스럽게 대화를 이끌어갔다. 이후 몇 차례 방문하며 친분을 쌓았다고 생각해 본래 목적이었던 세일즈 관련 이야기를 꺼냈는데 교수님의 표정이 썩 좋지 않았다. 특히 클라우드 관련 이야기를 주도적으로 하자 교수님은 갑자기 화를 내시며 정색하기 시작했다.

"서명식 씨, 내가 누구인지 알아요, 몰라요?"

"네, 김 교수님! 누구신지 잘 알고 있습니다."

"그런데 지금 뭐 하는 거예요?"

"아, 회사의 클라우드 제품과 관련해 설명드리려고 합니다만……."

"지금 누구 앞에서 IT 이야기를 하는 건가요? 내가 이 분야에만 20년 넘게 있는 사람인데, 그걸 모를까봐 이야기하는 건가요? 내가 사람 잘못 봤구먼! 당장 나가요!"

"김 교수님, 그게 아니라 우선 설명을 좀 들어보시고 이야기하시죠."

"아니에요, 필요 없어요. 다시는 연락하지 마세요!"

그렇게 김 교수님과의 인연은 끝났다. 나중에 알게 된 사실이지만, 대부분의 교수님들은 전공 분야에 대해 이야기하는 것만 좋아하지 듣는 것은 좋아하지 않는다. 그런데 내가 열심히 공부한 분야의 이야기를 호기롭게 꺼내 교수님의 자존심을 건드린 것이었다. 교수님의 표정이 좋지 않을 때부터 눈치를 챘어야 했는데 나는 그러지 못했다. 그동안 들인 시간과 노력이 아까웠기 때문에 자존심을 낮추지 않았던 것이다. 한 발짝 물러서 마음을 한 번 가다듬고 다시 접근해도 되었을 것이다. 그런데 쉽게 찾아오지 않을 기회라 생각하고 내가 하고 싶은 말만 했던 것이다. 다시 생각해보면 분명 패착이었다.

"사람들은 날더러 영업의 신이라고 한다. 그래서인지 사람들은 내가 누구에게나 환영받는 줄 안다. 하지만 사실 나는 세상에서 가장 많이 거절당하는 사람이다."

이 말은 일본에서 세일즈 업계의 신화로 불리는 스마일 영업의 대부 하라이 페이의 고백이다. 많은 고객을 만나다 보니 당연히 거절도 많이 당한다는 것이다. 그의 은퇴식에서 어느 기자가 물었다.

"그렇게 거절을 많이 당하다 보면 자존심 상하는 일도 많으셨겠군요?"

그러자 하라이 페이는 이렇게 답했다.

"아니요, 거절을 하는 사람보다 제 연봉이 훨씬 많습니다. 자존심 상할 이유가 없지요."

이 이야기와 같이 자존심이 전혀 중요한 요소가 아닌데도 나는 욱하는 마음에 고객을 떠나 보냈던 것이다. 너무 성급한 결정이었고, 다시는 그 교수님을 만날 수 없었다.

자존심을 버려 성공한 사례는 역사에서도 찾아볼 수 있다. 중국 역사상 최초로 천하를 통일했던 진시황이 죽고 천하의 주인이 사라지자 난세가 도래했다. 이러한 혼란 속에서 중국 역사상 두 번째로 천하를 통일한 사람이 유방이었다. 비천한 가문, 미관말직에 무일푼, 학식도 부족했던 그가 천하를 통일할 수 있었던 결정적 요인 중 하나는 자존심을 버릴 줄 알았기 때문이다.

유방은 때를 기다리기 위해 기꺼이 머리를 조아렸다. 그러나 때가 왔다고 생각하면 불도저처럼 밀어붙였다. 또한 과거의 영예나 비참함에서 빠르게 벗어나 현재를 직시할 줄 알았다. '최후의 승리'에 이르기까지 흔들리지 않고 정상을 바라봤으며, 그 과정에서 능굴 능신의 처세를 따랐기 때문에 유방은 항우보다 한발 먼저 정상에 올라설 수 있었다.

오래전 고등학교에 진학할 당시의 일이 기억난다. 그때 나에겐 중학교 3년 동안 가장 친하게 지내던 친구가 있었다. 아직도 왜 그랬는지 이해가 되지 않지만, 졸업을 앞둔 어느 날 그 친구와 굉장히 사소한 문제로 다투었다. 보통 때 같았으면 금방 화해하고 다시 친하게 지냈을 텐데 그날따라 유독 자존심을 내세우며 이야기를 나누지 않았다.

같이 배정받은 고등학교의 입학식 때 먼발치에서 그 친구를 보았다. 반이 각각 달랐던 우리는 마주쳐도 서로 말 한마디 없이 그렇게 스쳐 지나갔다. 그 이후로 그 친구와는 멀어졌고, 다시는 이야기할 일이 없었다. 지금 생각해보면 너무도 아쉽다. 그때 "안녕"이라는 한마디만 했어도 다시 친해졌을 텐데 그때는 왜 그렇게 자존심을 내세웠는지 20여 년이 지난 지금까지도 후회되는 일이다.

세일즈에서도 마찬가지다. 세일즈맨에게도 자존심은 중요하다. 그렇지만 후회할 일을 만들어서는 안 된다. 한 번 떠난 고객은 다시 돌아오지 않는다. 지금 당장은 아쉽더라도 조금만 양보하고 한발 물러서서 전체를 보자. 자존심보다 자존감이 대세인 시대다. 고객을 만날 때 자존심은 버려도 된다. 그럼 더 큰 세일즈가 보상으로 다가올 것이다. 자존심이 아닌 자존감으로 세일즈 하라.

Lesson 21

고객이 스스로 사게 하라

상황을 가장 잘 활용하는 사람이 가장 좋은 상황을 맞는다.
- 존 우든

세일즈를 하면서 가장 많이 하는 고민 중 하나가 '어떻게 하면 고객이 스스로 사게 할 수 있을까?' 하는 것이다. '내가 팔지도 않았는데 고객이 스스로 산다면 얼마나 멋진 일일까?' 하고 하루에도 수십 번씩 속으로 생각해본다. 그리고 스스로에게 물어본다. '어떤 때 내가 스스로 샀을까?', '내가 내 의지로 구매한 가장 비싼 것은 무엇인가?' 등등을 생각하던 중 한 가지가 떠올랐다. 내가 스스로 산 것 중 가장 비싼 것은 바로 'MBA 과정'이었다.

2013년 봄, 고민이 생겼다. 10년 남짓한 시간을 한 직장에서 보내면서 업무에도 꽤 익숙해졌고, 무언가 새로운 자극이 필요하다고 생각했다. 무언가 나의 열정과 의지를 자극하고 나를 앞으로 이끌어줄 거리가 필요했다. 그때 주위의 선·후배나 동료들에게 자문을 구하면서 찾은 것이 MBA 과정이었다.

사실 MBA 과정은 회사생활을 하면서 항상 가슴 한편에 담아두고 있던 것이었다. 실제로 입사 동기 중 유학을 간 친구도 있었고, 주위에서 하나둘씩 준비해서 떠나가는 것을 보며 나도 많은 고민을 했지만 그때마다 이유가 생겨 실천하지 못한 채 시간을 흘려보냈다. 이제 더 이상 미룰 수는 없다는 생각에 나는 보다 구체적으로 알아보기 시작했다. 현실적인 여건상 유학은 힘들었다. 그래서 선택한 것이 직장생활을 하면서 MBA 과정을 밟는 것이었다. 몇몇 학교 과정을 알아보던 중 나의 상황에 맞는 최적의 곳을 찾았다. 내가 원한 건 주말 시간을 활용할 수 있고 최대한 짧은 기간 동안 끝내는 것이었는데, 다행히 알맞은 과정을 찾았던 것이다. 문제는 그다음부터였다. 비용이 만만치 않았다. 스스로의 자기계발과 발전을 위해 방법을 찾았음에도 불구하고 적지 않은 비용 때문에 망설이지 않을 수 없었다.

그때 마침 팀장님도 같은 과정을 마치셨기에 용기를 내 물어보았다. 회사생활을 하며 개인이 발전하는 것도 물론 중요하지만 그에 못지않게 중요한 것이 조직에 필요한 일원이 되는 것이다. 그래서 대부분의 팀장들은 겉으로는 부하직원이 개인 시간과 비용을 들여 자기계발을 하는 것에 반대하지 않지만, 부하직원이 실제로 MBA를 다닌다거나 대외 활동을 하게 되면 업무에 지장을 주지 않을까 걱정하는 것이 현실이다. 그럼에도 팀장님께 직접적으로 물어본 것은 굉장히 용기를 낸 것이었고, 지금 보면 잘한 일이었다고 생각한다.

팀장님은 "서 과장, 지금 몇 살이죠? 아, 네. 흠…, 직장생활도 적지 않게 했고 나이도 적당한 것 같으니 다녀보는 게 어때요?"라며 다행히도 긍정적으로 답변을 해주셨다. 그럼에도 망설이는 태도를 보이자 바로 물으셨다. "돈 때문에 그러죠?" 하시기에 "네, 맞습니다"라며 기어가는 목소리로 힘없이 대답했다. 팀장님은 예상했던 답변이라는 표정을 지으시며 지금은 고민이 되겠지만 돈은 나중 문제라며, 지금 내가 왜 거기를 가야 하는지에 대한 이유를 다시 한 번 곰곰이 생각해보라고 하셨다. 그러면서 팀장님은 자신의 선택에 후회가 없다며 총총히 발걸음을 옮기셨다.

나는 다시 자리로 돌아와 고민하기 시작했다. 들어가는 비용은 나중에 생각하기로 하고 '내가 왜 MBA에 가려고 하나?', 즉 '왜 이 물건을 사려고 하는지?'에 대해 고민한 끝에 등록을 하기로 결정했다. 내가 스스로 구매(MBA 등록)를 한 것이다.

무엇보다도 MBA 과정이 주는 가치가 가격보다 훨씬 높았다. 주위에서 부정적인 의견을 표하는 분들은 대부분 그만한 돈을 들일 가치가 있는지 의문을 제기했다. 물론 MBA 과정을 밟는 데 들어가는 비용은 만만치 않다. 직장인으로서 몇 년간 알뜰히 모은 돈을 투자했고, 지금도 등록금을 갚고 있다. 그렇지만 지금 생각해봐도 가기를 잘한 것 같다. MBA는 나에게 충분한 가치와 비전을 제시해주었기 때문이다.

개인적으로 나는 한 곳에서만 직장생활을 했다. 이직을 할 기회가 몇 번 있었지만 그때마다 사정이 생겼다. 그런 상황에서 다른 산업계의 동향을 파악하기는 쉽지 않았고, 세일즈·마케팅 이외의 업무는 회사 내부에서 동료들을 통해 어깨 너머로 경험할 수밖에 없었다. 그런 나에게 MBA 과정에서 만난 동기 100여 명의 다양한 근무 배경과 직군은 내가 겪어보지 못한 다양한 산업계나 직군들에 대해 충분히 경험할 수 있는 환경을 만들어주었다. 매주 만나 함께 수업을 듣고 토의를 하며 동기들에게서 많은 것을 느끼고 배울 수 있었기 때문이다.

현실적으로 내가 그렇게 다양한 직장을 다닐 수도 없고, 직군을 바꾸는 것도 무리였다. 그러한 상황에서 만난 동기들은 나에게 돈보다도 소중한 시간을 벌게 해주었다. 또한 동기들도 나와 비슷한 고민을 가지고 있었다. 나보다 수십 년 넘게 직장생활을 더 하신 분들부터 비슷한 또래나 동생들까지 대부분 '과연 나의 미래는 어떻게 될 것인가?'라는 고민이자 걱정거리를 가지고 있었던 것이다.

누구나 미래에 대한 고민을 하며 살아간다. 공부만 열심히 하면 되는 학생들, 안정적인 직업으로 여겨지는 공무원들, 하루하루 살아가느라 정신없는 직장인들까지 모두가 현실보다 나은 미래를 만들기 위해 어떻게 할지 고민하는 세상이다. 그런 상황에서 나와 비슷한 고민을 하는 동기들과 함께 시간을 보내는 것만으로도 '내가 잘하고 있구나'라는 안도감을 느낄 수 있었다.

사람들은 대개 비슷한 처지의 사람들과 자신을 비교하며 살아간다. 내가 이렇게 살고 있는 것이 맞는지, 다른 방법은 없는지 고민하면서 비교할 수 있는 대상이 있는 것만으로도 정신적 안도감을 얻는다. 이런 건 돈으로도 살 수 없다. 물론 MBA 과정이 모든 미래를 결정해주지는 않는다. 그렇지만 MBA 과정을 밟으면서 내가 잘하고 있다는 만족감을 얻는 긍정적인 효과만으로도 충분히 가치가 있다고 생각한다.

돈은 또 벌면 된다. MBA 과정을 마치고 나서 이직을 하거나 직군을 바꾸지는 않았지만, 나에게 가져온 또 하나의 긍정적인 효과다. 물론 돈을 벌려고 열심히 노력하고는 있다. 앞으로 나아가야 할 길이 멀고도 험하겠지만 나는 충분히 극복할 수 있는 자신감과 긍정적인 마인드로 무장되어 있다. 세일즈도 똑같다. 고객이 스스로 사게 하려면 고객에게 가격을 뛰어넘는 가치나 비전을 제시할 수 있어야 한다.

요즘 유행하는 소비 트렌드 중에 'YOLO You Only Live Once'라는 것이 있다. 우리말로는 '한 번뿐인 인생'이라는 뜻으로 해석되는데, 미래를 걱정하며 순간순간의 행복을 놓치기보다는 현재에 충실하며 지금 당장 누릴 수 있는 행복을 마음껏 누리는 게 진정한 YOLO의 의미다. 고객도 마찬가지다. 삶이 힘들고 팍팍하다고는 하지만 영감과 재충전을 줄 수 있는 여행에 대한 비용은 아끼지 않는다. 또한 작은 사치라고 해서 자신에게 주는 선물로 명품이나 귀중한 제품들도 흔쾌히 구매하고 있다.

가격이 중요한 시대는 이미 지났다. 고객에게 가치나 비전을 제시해 주는 세일즈를 해야 한다. 또한 고객이 사용하는 제품이나 서비스를 다른 비교 대상도 사용할 수 있다는 인식을 심어줘야 한다. 즉, 고객도 일종의 '경쟁'을 하고 있음을 알려줄 필요가 있다.

사람들은 어떤 결정이나 행동을 할 때 주변 환경에 크게 영향을 받고, 다수의 행동이 맞다고 믿고 따르게 된다는 것을 뜻하는 심리학 용어로 '사회적 증거 social proof'라는 말이 있다. 예를 들어 호텔 방에 "환경을 위해 수건을 재사용해주세요"라는 글귀보다는 "이 방에 머문 손님들은 대부분 수건을 재사용합니다"라는 글귀를 적어놓았을 때 수건의 재사용률이 크게 늘어난다는 것이다. 고객도 마찬가지다. 일부러 고객의 신경과 자존심을 긁을 필요는 없다. 그렇지만 적절히 고객에게 비교 대상도 이 제품이나 서비스를 사용하고 있다는 것을 알림으로써 구매를 유도하는 것도 세일즈 기술이다.

마지막으로 고객에게 단순히 비용을 내는 것이 아닌 스스로를 위한 투자임을 알려주면 더욱 좋다. 누구나 지금 내가 가진 현금이 통장에서 사라지거나 잔고가 줄어드는 것을 좋아하지 않는다. 하지만 자신의 보다 나은 미래를 위한 일이라고 생각하면 아무도 그 비용을 아끼지 않는다.

우리 회사에서 파는 제품 중에는 소프트웨어가 대표적인 상품인데 중소기업의 입장에서 정품 라이선스를 구매하는 것은 직원 몇 명의 월급과 맞먹는 일이기도 하다. 그런데 정품의 소프트웨어를 구입하면 그에 따른 관리 비용 절감, 소프트웨어 사용에 따른 업무 생산성 향상 및 시간 단축 등등 많은 긍정적인 효과가 있다. 고객에게 비용을 지출하고 끝나는 것이 아니라 그 물건을 구매함으로써 얻는 기대효과가 훨씬 많다는 것을 강조하는 세일즈를 해야 한다.

많은 정보가 생산되고 유통됨에 따라 고객은 점점 더 똑똑해지고 있다. 그에 못지않게 세일즈도 똑똑해져야 한다. 많은 세일즈 방법 중에서 가장 쉽고도 어려운 것이 고객이 스스로 사게 하는 것이다. 우리는 고객이 스스로 사게 하는 세일즈를 해야 한다. 끊임없이 노력하고 고민하며 고객이 스스로 사게 하는 퍼펙트 세일즈를 해보자.

Lesson 22

긍정의 세일즈를 하라

궁정적 사고는 부정적 사고보다 모든 일을 더 잘하게 해줄 것이다.
- 지그 지글러

노스캐롤라이나 대학교의 바버라 프레드릭슨 교수는 '긍정적인 정서(재미, 감탄, 기쁨, 감사함, 영감 등 다양한 감정을 포함하는 포괄적인 범주)'를 오랫동안 연구해온 이 분야의 선도적인 인물이다. 그녀는 이렇게 말했다.

"부정적인 감정은 시야를 좁히고, 어려운 상황을 순간적으로 회피하게 만든다."

예컨대 '무서워, 그러니까 도망칠 거야', '화가 나, 그러니까 싸울 거야'와 같은 감정을 부추기는 것이다. 반면 긍정적인 감정은 그 반대의 효과를 이끌어낸다. 폭넓은 사고를 할 수 있도록 의식을 깨우쳐주고, 행동의 여지를 넓혀주며, 좀 더 수용적이고 창조적으로 생각할 수 있도록 도와준다. 이렇게 긍정적인 감정은 세일즈를 하는 사람에게 매우 중요하다.

긍정적인 감정은 숲을 보게 해주고, 부정적인 감정은 나무만 보게 한다. 따라서 긍정적인 세일즈맨은 폭넓은 시각으로 고객이 처한 어려움을 이겨낼 뜻밖의 해결책을 만들어주기도 한다. 고객의 마음을 움직이고자 할 때에도 긍정적인 감정은 장점을 발휘한다. '나는 할 수 있다!', '이번 고객과의 미팅은 성공할 것이다!', '이번 계약 건은 내가 수주할 거야!' 등등의 자기 암시를 통해 보다 긍정적인 결과를 만들어낼 수 있기 때문이다. 그리고 긍정적인 생각은 그 자체만으로 고객 또한 긍정적인 감정을 갖도록 만들어준다.

회사에서 대학교 담당 영업대표를 할 때였다. 입사 후 처음 맡았던 분야의 일을 약 9년 만에 다시 담당하게 되어 개인적으로도 나의 역할에 대한 기대가 컸다. 그동안 다양한 업무를 경험하며 쌓은 나만의 세일즈 노하우를 바탕으로 '내가 다시 돌아왔으니 더 잘될 거야!'라고 생각하며 업무 파악을 시작했다. 하지만 상황은 녹록치 않았다. 계속 상승세를 보이던 대학 시장의 성장세가 둔화되기 시작했고, 설상가상으로 입학 정원이 줄기 시작했다. 또한 반값 등록금 등의 여파로 대학교들의 재정상태가 점점 어려워지고 있었다. 학교 운영에서 가장 크게 차지하는 부분이 학생들의 등록금인데 몇 년째 동결되면서 소프트웨어 구매에 대한 기본 예산도 점점 감축하는 분위기였다.

같은 분야에서 일한 지 꽤 오래된 차장님도 세일즈 하기 쉽지 않은 시장이라며 걱정을 하셨다. 그렇다고 가만히 앉아 있을 수는 없었다. 오히려 내가 차장님께 "잘되겠죠. 같이 잘해보시죠!"라고 말하면서 독려했다. 이는 물론 나 스스로에게 하는 다짐이기도 했다.

그 업무를 맡고 약 3개월 동안 전국 곳곳의 대학교를 찾아다녔다. 세일즈 기회가 있거나 그런 낌새라도 있으면 당장 약속을 잡았다. 기회의 크고 작음을 가릴 때가 아니었다. 세일즈 기회 자체가 많지 않았기 때문이다. 흔히 방문하던 전산실뿐만 아니라 국책 사업으로 진행되는 특수 사업단이나 대학교 부설 연구소들도 부지런히 쫓아다녔다. 그렇지만 실적이 바로 발생하지는 않았다. 막연히 잘될 거라며 긍정적으로 생각하던 나도 무언가에 쫓기듯이 초조해졌다.

차장님과 함께 어떻게 하면 더 나은 세일즈를 할 수 있을까 고민하던 중 둘 다 동의하는 부분이 생겼다. 세일즈 자체만으로는 좋은 결과를 만들어내기가 쉽지 않다고 판단하고, 시장에 임팩트를 줄 수 있는 일종의 프로젝트를 진행하기로 한 것이다. 우리는 회사의 신제품 판매에 도전했다. 대학교의 경우 일반 기업에 비해 새로운 IT 제품을 받아들이는 속도가 상대적으로 느리다. 기존의 운영 시스템을 충분히 잘 활용하고 있고, 특히 IT 제품은 충분히 검증이 되었을 때 도입하기 때문이다. 그렇지만 어디에나 새로운 것을 먼저 시도하는 '퍼스트 펭귄'이 있을 것이라고 긍정적으로 생각하며 세일즈 기회를 찾아보기로 했다.

가장 먼저 실행한 것은 조금이라도 세일즈 기회가 높은 기존 고객을 찾는 것이었다. 새로운 고객보다는 이미 잘 알고 있는 고객이 신제품을 받아들일 가능성이 높기 때문이다. 기존 고객의 분석을 통해 추려진 고객사를 차장님과 같이 찾아다녔다. 아무래도 혼자보다는 둘이서 움직이는 편이 고객에게 더 신뢰감과 믿음을 줄 것이라고 생각했다. 그렇게 돌아다니다 우리 신제품에 관심을 갖는 고객을 찾았고, 몇 차례 미팅 끝에 도입이 결정되려는 순간 또 다른 고비가 찾아왔다.

고객은 사업 단장님의 최종 검토가 필요하니 조금 더 시간을 달라고 했다. 일련의 경험을 통해 마지막에 지연되면 계약이 무산될 가능성이 높다는 것을 알았던 나는 다급해진 마음에 팀장님께 어떻게 진행하면 좋을지 도움을 구했다. 그리고 팀장님의 적극적인 도움으로 고객이 원하는 바를 알아냈다. 고객은 단순히 계약하는 데 그치지 않고 이번 기회를 통해 우리 회사와 보다 발전적인 관계를 맺기를 바랐던 것이다. 결국 내부 프로세스를 통해 학교와 MOU(양해각서)를 맺었고, 담당 고객 최초로 신제품을 판매할 수 있었다.

김덕희 영업연구소장은 〈비즈니스맨에게 꼭 필요한 3대 요소〉라는 칼럼에서 아래와 같이 전했다.

"비즈니스맨의 자질, 즉 세일즈맨십salesmanship을 구성하는 것은 과연 무엇일까? '심心', 바로 긍정적 사고다. 영국의 한 신발회사에서 시장조사를 위해 직원 두 명을 아프리카 지역으로 출장 보냈다. 그때 신발을 안 신은 아프리카 현지인들을 보고 두 명은 각각 본사로 전보를 친다. A직원은 '아직 한 명도 신발을 안 신어서 시장 개척의 가능성이 무궁무진합니다'라고 하고, B직원은 '아프리카 사람들은 신발을 안 신어서 시장 개척은 불가능합니다'라고 보고했다."

이렇듯 똑같은 상황을 두고도 각각 다른 의견이 나오는 이유는 무엇일까? 바로 '인식의 차이' 때문이다. 사람들은 보고 싶은 대로 보려는 습성이 있다. 같은 시장조사를 해도 긍정적으로 생각하느냐, 부정적으로 생각하느냐에 따라 결과에 차이가 있다. 물론 어느 것이 절대적으로 옳다고 할 수는 없다. 정말 시장조사 결과가 나빠서 부정적인 보고를 했을 수도 있고, 시장 상황이 좋지 않다는 것을 무시하고 긍정적인 보고를 했을 수도 있기 때문이다. 그럼에도 불구하고 세일즈는 무조건 긍정적이어야 한다.

'생리대 파는 남자'로 유명한 심현수 한국영업인협회 회장도 절대적으로 긍정의 마인드를 가져야 한다고 강조한다. 그에 따르면 어려움이 닥쳤을 때 주저앉는 사람이 있는 반면, 같은 상황에서도 냉정하게 분석하며 긍정적인 부분을 찾아내는 사람이 있다고 한다. 그런 상황에서 내가 만약 투자자나 고용주의 입장이라면 어떤 사람을 원하겠느냐고 반문하며 긍정적인 마인드를 강조한다.

나도 당시 세일즈 실적이 잘 나오지 않자 불안과 초조함을 느꼈다. 다시 맡게 된 교육기관 관련 업무를 잘할 수 있을 것이라며 긍정적으로 생각했지만 현실은 그렇게 녹록하지 않았기 때문이다. 회사 내부에서의 압력이 점점 심해지는 와중에, 고민에 고민을 거듭한 끝에 답을 찾았고 우리는 팀으로서 의미 있는 사례를 만들어낼 수 있었다.

나는 아프리카에 간 세일즈맨 사례처럼 10%의 이미 사용 중인 고객을 찾기보다, 90%의 아직 신제품을 도입하지 않은 고객을 찾아나섰다. 누구도 결과를 예측할 수 없었지만 잘될 것이라는 긍정적인 태도를 가졌던 덕분에 좋은 결과를 만들어낼 수 있었다.

'궁즉통(窮則通)'이라는 말이 있다. '궁하면 통한다'는 뜻으로, 간절히 고민하고 생각하면 답을 찾을 수 있다는 말로 나는 지금까지 이해해왔다. 그렇지만 위의 경험을 통해 나는 추가로 한마디를 덧붙이고 싶다. '고민하기 전에 우선 긍정적으로 생각하라'고 말이다.

긍정궁즉통肯定窮則通!

내가 세일즈맨들에게 하고 싶은 말이다. 긍정은 통한다. 긍정의 세일즈를 하라.

Lesson 23

생각하는 세일즈를 하라

탐구하여 찾아질 수 없을 정도로 어려운 문제는 존재하지 않는다.
- 푸블리우스 테렌티우스 아페르

광장시장이나 남대문시장 같은 전통시장에 가면 가판에 물건을 올려놓고 마음껏 소리치며 물건을 파는 상인들을 볼 수 있다. 어떤 이는 특이한 복장으로 손님들의 눈길을 사로잡기도 하고, 어떤 이는 '짝짝짝 짝짝'과 같이 재밌는 박자에 맞춰 손뼉을 치며 손님을 모으기도 한다. 그 모습이 재미있으면서도 한편으로는 '정말 대단하다!'는 생각이 들곤 한다.

흥미로운 사실은 고객의 관심을 끄는 사람들에게 더 많은 손님이 몰리고 판매도 더 많이 된다는 것이다. 결국 성공적인 세일즈를 위해서는 용기가 필요하다는 생각을 다시 한 번 하게 된다. 어차피 모두가 어렵다고 여기는 세일즈를 하는 것 자체가 용기가 필요한 일인데, 특히 본인에게 눈길이 더 가도록 꾸민 세일즈맨들은 더욱 성공적이다. 자신을 어떻게 어필하면 좋을지 한 번 더 생각하며 세일즈를 하기 때문이다. 그렇다면 어떻게 생각하는 세일즈를 할 수 있을까?

먼저 솔직해져야 한다. 사실 그대로 이야기하고, 과장하지 말자. 솔직함이 대세인 시대다. 세일즈맨들이 많이 하는 실수 중 하나가 '무조건 하면 된다'는 마인드로 고객의 어떠한 요청이나 요구도 들어주겠다고 하는 것이다. 일단 계약만 하고 보자는 생각에 무리하면 부작용이 생긴다. 안 좋은 상황이 발생하면 고객은 그 책임을 세일즈맨에게 묻게 되고 이는 관계 악화로 이어진다. 당장 눈앞에 있는 계약도 중요하지만 장기적으로 서로 윈윈 할 수 있는지를 생각하며 세일즈를 해야 한다.

예전에 취직을 위해 면접을 보러 다녔을 때의 일이다. 면접 과정도 일종의 세일즈였다. 내 앞에 있는 면접관들에게 주어진 시간 동안 나 자신을 세일즈 해야 했다. 결과가 좋으면 일을 할 수 있고, 그렇지 않으면 다른 회사를 알아봐야 하는 상황이었다. 어떻게 하면 뽑힐 수 있을까 생각하며 나는 입사 면접 때 무조건 다 할 수 있다고 답을 했다. 뭐든 다 할 수 있다는 자신감과 당찬 기운을 보여주고 싶었기 때문이다. 그렇지만 그건 옳은 태도가 아니었다. 오히려 내가 책임질 수 있는 범위와 권한 내에서 할 수 있는 일을 하겠다고 해야 했다. 무조건 다 할 수 있다고 하는 것은 자칫 공수표를 남발하는 것처럼 보일 여지가 있었다. 수십 차례 면접에서 떨어지고서 답답한 마음에 지원했던 어느 회사의 인사 담당자에게 전화로 물어 들었던 답이다. 조금 더 생각하고 면접을 준비했어야 했는데 나는 그러지 못했다. 세일즈도 마찬가지다. 과장하거나 오버하지 말자. 그건 소탐대실하는 지름길이다.

다음으로 고객의 입장에서 한 번 더 생각해보자. 지금 내가 세일즈 하고 있는 소프트웨어 제품의 경우 구매할 수 있는 방식이 여러 가지다. 옵션이 많아 고객의 선택 폭이 넓다. 그런데 너무 다양한 옵션 때문에 고객들은 선택하기 더 힘들어한다. 그래서 나는 항상 고객들이 저마다 현재 상황에서 취하기 가장 좋은 옵션을 시각화하여 제공한다. 'ABC 고객님을 위한 옵션 1, 옵션 2, 옵션 3'으로 선택지를 준비하여 고객들에게 어떤 옵션이 가장 좋은지 선택하게 하는 것이다. 고객의 입장에서 한 번 더 생각하고 제공하는 선택지는 생각보다 반응이 좋다. 고객이 혼자서 고민할 때보다 쉽고 빨리 구매를 결정할 수 있기 때문이다.

2000년 여름, 내가 대학생 시절 주유 아르바이트를 할 때도 서로에게 이득이 되는 세일즈를 경험한 적이 있다. 규모가 꽤 큰 주유소라 주유기도 10대가 넘고, 세차 기계도 2대나 갖고 있었다. 지금과 달리 그때만 해도 기름을 넣는 것과 세차를 하는 것을 별개로 생각했는데 당시 나는 주유하던 차가 더러워 보이면 즉시 세차를 제안했다. 그러면 고객들의 반응은 그다지 좋지 않았다. 시간도 걸리고, 별도의 비용을 내는 것도 아까워했기 때문이다. 사람들은 대부분 주유비 3만 원은 안 아까워해도 세차비 2천 원은 아까워했다. 그런 저항을 줄이기 위해 사장님께 주유 금액에 따라 세차비를 지원해주는 방법을 제안했다. 사장님은 지금도 주유소가 잘되고 있는데 굳이 그렇게 할 필요가 있겠느냐며 처음에는 거절했다. 하지만 잘될 것을 확신한 나는 계속 주장했고, 사장님은 마지못해 승낙하시며 약 한 달 동안만 시범적으로 해보자고 하셨다.

드디어 주유 금액에 따라 세차비를 지원해주는 프로그램을 고객에게 제안하기 시작했다. 특히 기름을 가득 넣는 고객에게는 세차를 공짜로 해주기로 했다. "5만 원 이상, 가득 주유하는 고객에게는 세차가 공짜입니다"라고 씌어 있는 플래카드를 만들고 본격적으로 세일즈를 시작했다. 반응은 기대 이상이었다. 어차피 기름을 넣어야 하는데 가득 넣으면 세차가 공짜라고 하니 3만 원어치 넣으려고 했던 고객들도 가득 넣는 것으로 마음을 바꿨다. 세차비 2천 원을 공짜로 하며 평균 2만 원 이상의 주유를 더 유도한 것이다. 사장님은 굉장히 만족해하셨고, 나는 그달에 아르바이트생으로서는 이례적으로 보너스까지 받았다. 주위의 다른 주유소들도 비슷한 프로그램을 따라 만들며 점점 프로모션의 효과가 떨어지긴 했지만, 고객을 한 번 더 생각해 세일즈를 하면 매출이 늘어난다는 것을 깨달은 소중한 경험이었다.

마지막으로 생각하는 세일즈의 필수 요소는 '사람 이름 외우기'다. 정보통신의 발달로 우리는 많은 것을 기계에 의존하게 되었다. 운전을 할 때도 내비게이션을 활용해야 하고, 전화번호도 휴대전화에 다 저장되어 있다. 그런데 기계의 도움을 많이 받게 되면서 사람 간의 교류가 많이 단절되고 있다. 나만 해도 실제 전화번호를 외우고 있는 사람은 가족과 오랜 친구 기십 명 정도다. 그만큼 사람들 간의 관계도 각박해졌다. 이런 때일수록 서로 간의 감정 교류와 친밀감을 불러일으키는 세일즈를 해야 한다.

김춘수의 시 〈꽃〉에 나오는 '그가 나의 이름을 불러주었을 때 나는 그에게로 와서 꽃이 되었다'라는 말처럼 고객들의 이름을 불러보자. 업무 관계로 만나게 되면 대부분 "김 부장님!", "서 차장님!", "박 매니저님" 등과 같이 직함을 부른다. 이름을 부를 기회도 별로 없을뿐더러 부르려는 시도조차 하지 않는다. 그럴 때 나만의 차별화된 세일즈 방법이 사람 이름 외우기다.

고객들은 조그마한 것에 잘 감동하고, 그 조그마한 것들을 더 잘 기억한다. 물론 많은 고객을 만나다 보면 이름 하나하나를 기억 못할 때도 있다. 그럴 경우에 나는 명함에 그들의 특징을 적어놓는다. '뿔테 안경 착용', '왼쪽 뺨의 상처', '머리숱이 많음' 등과 같이 간단하지만 기억하기 쉬운 내용을 메모해놓으면 누구인지 헷갈리지 않는다. 내가 지금까지 세일즈를 하면서 모은 연락처는 2,000개가 넘는다. 업무 변동이나 연락처 변경으로 연락을 못하는 경우도 있지만 모두 나의 소중한 세일즈 자산이다.

무조건 제품이나 서비스를 잘 판다고 세일즈를 잘하는 것은 아니다. 물론 결과가 좋으면 모든 것이 용서된다. 하지만 항상 고객을 생각하는 세일즈를 해야 하는 우리에게 위의 세 가지 사항은 기본 중의 기본이다.

세일즈 환경은 계속 변화하고 있고, 무엇보다도 고객이 원하는 것도 변화하고 있다. 이러한 변화를 알아채지 못하고 지난 시절의 성공에만 기대어 자만한다면 더 이상 고객은 세일즈맨을 찾지 않을 것이다. 세계적으로 가장 영향력 있는 가수 마돈나가 지금까지도 인기를 끄는 이유는 과거의 성공에 안주하지 않고 항상 시대의 변화에 발맞춰 대중들의 꿈과 자각을 구현하기 때문이다. 세일즈맨들도 마찬가지다. 시대의 흐름에 맞춰 고객을 한 번 더 생각하는 세일즈를 해야만 큰 성공을 거둘 수 있다. 생각대로 살지 않으면 사는 대로 생각하게 된다. 이제 생각하는 세일즈를 할 때다.

Lesson 24

고객의 입장에서 생각하라

일상생활에서 언제나 영업 소재를 찾고 고객을 발굴하라.
적절한 방법을 발견하면 그 즉시 시도해보는 자세가 필요하다.
- 스즈키 야스토모

"서 대리, 준비 잘되고 있지?"

"네, 차장님. 행사 일정에 맞춰 차질 없이 진행하도록 하겠습니다."

"그래, 그럼 우리가 장소에 도착한 후 일정이 어떻게 되지? 숙소는 어디야? 숙소에서 필요한 준비물은 챙겨 놨어?"

"아, 그게……. 다시 한 번 더 확인해보겠습니다."

"서 대리, 손 차장이 준비는 꼼꼼하게 잘하니 같이 한 번 더 체크해봐."

2007년 4월, 팀 업무 미팅 시간이었다. 당시 우리 팀에서 VIP 고객을 모시고 가장 중요한 해외 컨퍼런스 참석 행사 준비를 하게 되었다. 여러 이유로 몇 해 동안 중단되었던 해외 컨퍼런스를 가게 되었던 것이다. 오랜만에 진행되는 행사의 중책을 맡은 만큼 나는 부담감이 컸다. 특히 행사 비용도 많이 아껴야 했고, 평소에 같이 일하던 에이전시 없이 모든 업무도 직접 준비해야 했다. 여행사 섭외, 해외 현지 이동 동선 파악, 고객 일정 확인 등 나만의 차트를 만들어 하나씩 차근차근 준비해나갔다. 그런데 같이 일하던 차장님이 위와 같은 질문을 하는 순간 머릿속이 멍해졌다. 내가 미처 생각 못한 부분만 기가 막히게 물어보신 것이었다. 핑계 같지만 나는 내가 해외 출장을 갈 때처럼 생각하고 전체 일정에 문제가 없는지만 확인을 했다. 그리고 고객들의 일정도 모두 차질 없음을 확인했기에 특별한 문제가 없을 거라 생각했다.

차장님의 한마디로 인해 나는 다시 처음부터 준비를 시작했다. '고객의 여권 유효기간은 충분한가?', '호텔에서 행사 장소가 너무 멀지는 않은가?', '행사 후 저녁 일정은 어떻게 되는가?', '숙소 냉장고에는 고객에게 필요한 것이 준비되어 있는가?' 등등 미처 생각 못했던 부분까지 꼼꼼하게 챙기기 시작했다.

나는 속으로 '아니, 이렇게 구체적으로 준비할 필요가 있을까? 그냥 사고 없이 모두 잘 갔다 오면 될 텐데'라고 생각하기도 했다. 그렇지만 차질 없는 행사 진행을 위해 다시 하나하나 체크하고 준비했다. 그런데 컨퍼런스 참석을 위해 입국을 할 때부터 문제가 발생했다. 컨퍼런스 시작 전 주에 한 VIP 고객에게 다른 급한 일정이 생겨 동료 분이 대신 오기로 했는데 그분의 여권을 미처 확인하지 못하고 출국을 해버린 것이 화근이었다. 대부분의 나라가 입국을 할 때 여권 유효기간이 최소 6개월 이상 남아 있는지 확인을 하는데, 그분의 여권 유효기간이 3개월도 채 남아 있지 않았던 것이다. 나는 입국 대기를 위해 뒤에서 지켜보고 있다가 영어에 서투른 고객이 당황하는 모습을 보고 곧바로 입국 심사대로 뛰어갔다. 돌아가는 비행기 표를 보여주고 컨퍼런스 내용도 이야기하며, 여권 유효기간이 짧게 남았지만 우리는 분명히 한국으로 돌아갈 것이라고 자초지종을 설명한 끝에 다행히 입국은 허락되었다. 그렇지만 내가 고객의 입장에서 여권의 유효기간을 한 번 더 확인해보지 못해 발생한, 명백한 나의 실수였다. 아직 행사도 시작되지 않았는데 왠지 모르게 불안한 마음이 들었다.

아니나 다를까, 공항에서 버스를 타고 호텔로 이동했는데 원래 예약한 호텔이 아니었다. 여행사에 확인해보니 우리가 참석할 컨퍼런스 이외에 여러 행사들이 동시에 진행되어 급히 호텔을 변경할 수밖에 없었다고 했다. 다만 호텔의 등급은 한 단계 더 업그레이드되었다며 양해를 구했다. 그렇지만 같이 동행한 차장님이 노발대발하셨다. 호텔이 좋아진 것이 문제가 아니라 컨퍼런스 장소와 너무 떨어진 곳에 위치해 있었기 때문이다.

고객들은 낯선 해외에 나가게 되면 호텔과 컨퍼런스 장소가 가까운 것을 선호한다. 아무래도 이동 부담이 줄어들고, 한두 번 다니다 보면 동선이 파악되어 편하게 다닐 수 있기 때문이다. 고객들의 이런 심리를 잘 알고 있던 차장님은 호텔의 위치를 중요하게 생각했는데 보기 좋게 다른 곳으로 가게 된 것이었다. 한바탕 싸움이 일어날 뻔했으나 여행사에서 현지 일정에 차질이 없도록 버스를 운행해준다고 하는 선에서 타협할 수 있었다. 하지만 차장님은 여전히 화가 난 상태였고, 나는 미처 고객의 입장을 생각하지 못한 탓에 너무도 죄송했다.

그렇게 입국하여 호텔을 찾고 저녁까지 먹은 후 숙소에 짐을 풀고 쉬고 있는데 또 다른 사건이 발생했다. 각 호텔방에 준비하기로 되어 있던, 한국에서 공수해온 한국 음식들이 사라진 것이었다. 호텔이 변경되어 옥신각신하는 동안 버스가 짐을 내리지 않고 그냥 떠나버린 것이었다.

해외 컨퍼런스에 참석할 때 가장 어려운 부분 중 하나가 그 나라 음식을 먹는 것이다. 잘 드시는 분들도 있지만 그렇지 못한 경우도 많다. 그래서 잘 적응 못하는 고객들을 위해 한국 음식을 챙겨왔는데 전해드리지 못하는 상황이 발생한 것이었다. 다시 차장님이 발 벗고 나서서 여행사와 현지 가이드를 닦달한 끝에 결국 준비한 한국 음식을 찾을 수 있었다. 그렇지만 어느덧 현지 시간으로 새벽 3시였다. 하는 수 없이 우리는 짐을 다시 찾은 것에 만족하며 낯선 이국에서의 첫날을 우울하게 맞이했다.

《동네 음식점 무작정 따라하기》의 최경석 저자는 고객의 입장에서 생각할 것을 강조하며 다음과 같이 이야기한다.

"피클과 고객을 바꾼다? 무나 피클, 소스 등은 어찌 보면 아주 사소한 것이기도 하지만 자꾸만 더 요구하면 사장 입장에서는 원가가 그만큼 높아지기 때문에 내심 못마땅할 수도 있습니다. 고객 입장에서는 그까짓 거 하고 쉽게 요구하지만 여러 고객들을 상대하는 우리들에게는 가랑비에 옷 젖는다고 큰 금액이 될 수도 있기 때문입니다. 그런데다 그런 고객은 항상 더 달라고 합니다. 치킨 집에서 무 하나 더 달라고 하는 집은 항상 하나 더 추가, 피자집에서 피클 하나 더 달라고 하는 집은 항상 하나 더 달라고 합니다. 이런 식이라 짜증이 날 수도 있지만 입장을 바꾸어서 내가 피자나 치킨을 먹어도 부족하기는 합니다. 따라서 하나 정도는 기분 좋게 서비스로 줄 수 있지 않을까 하는 생각이 듭니다. 솔직히 그런 고객이 전체 고객 중에서 차지하는 비중은 5%도 안 됩니다. 피클, 무 하나에 고객들의 마음을 섭섭하게 하지 마십시오."

그만큼 고객의 입장에서 생각하는 세일즈가 중요한 것이다. 식당의 경우 위와 같이 꼭 하나씩 더 달라고 하는 고객을 싫어할 수도 있지만, 고객의 입장에서는 충분히 요청할 수 있다. 나 역시 고객의 입장에서 한 번만 더 생각하고 진행했다면 문제는 발생하지 않았을 것이다. 나머지 3일 동안 나는 차장님과 함께 정성을 다해 고객 위주로 대접을 했다. 호텔에서 불편한 부분은 없는지, 이동 경로는 괜찮은지, 현지 음식은 입맛에 맞는지 등등 하나하나 꼼꼼하게 챙겼다.

특히 나는 고객의 입장에서 생각하지 못한 것에 대한 죄책감이 컸던 터라 3일이라는 시간을 어떻게 보냈는지 모를 정도로 정신없이 뛰어다녔다. 같이 동행한 차장님은 더 이상 같은 실수를 반복하지 말자며 오히려 나를 격려해주셨다. 덕분에 우리는 책임자로서 모든 역할을 충분히 해냈고, 다행히 나머지 시간은 큰 사고 없이 무사히 끝났다. 그리고 귀국하기 전날, 마지막 식사를 하는 자리에서 생각지도 못한 일이 벌어졌다. 고객들이 첫날의 실수를 뒤로하고 남은 기간 동안 너무 잘 진행해주었다며, 개인 비용을 십시일반 모아 차장님께 기념품을 사드린 것이었다. 업무 경력이 꽤 되는 차장님도 처음 받아보는 것이라며 부끄러워하셨지만, 내심 뿌듯해하시며 고객들에게 감사한 마음을 전했다.

그렇게 3박 4일간의 행사는 끝이 났고, 나는 이때를 세일즈 초창기 시절 깨달음을 얻은 가장 커다란 사건으로 기억한다. 당시 내가 고객의 입장에서 한 번 더 생각하고 고민했다면 아무 문제도 발생하지 않았을 것이다. 세일즈맨들이여, 기억하자! 고객의 입장에서 무엇이 필요한지 한 번 더 생각해보자.

Perfect Sales

CHAPTER 4

퍼펙트 세일즈를 위한 8가지 전략

세일즈맨이 어떻게 하면 많이 팔 수 있을지 고민하는 것은 당연하다. 그렇지만 무엇보다 중요한 것은 먼저 고객에게 관심을 갖는 것이다. 그리고 관심을 가지려면 고객의 말을 듣는 것을 소홀히 하지 말아야 한다. 이것이 퍼펙트 세일즈의 출발점이다. 퍼펙트 세일즈란 처음 만난 고객이든 기존에 알던 고객이든, 그들이 필요로 하는 니즈와 원츠를 찾아내 그것을 충족시켜주는 것에서 시작한다.

Lesson 25

고객 맞춤형 세일즈를 하라

산을 옮기는 사람은 작은 돌멩이부터 옮긴다.
- 중국 속담

"여러분들이 고2가 되면 수능에 더 많이 집중을 합니다. 그래서 국·영·수 및 사탐·과탐 이외의 과목은 더 이상 집중하기 힘들 겁니다. 교육제도가 그렇기 때문에 그럴 수밖에 없는 것은 이해합니다. 다만 이것만 알아두세요. 고등학교를 졸업하면 기본적인 교양과 상식을 갖춘, 됨됨이가 바른 사람이 되어야 사회에서 인정받고 잘 지낼 수 있습니다."

고등학교 1학년 봄방학 때 한문 선생님께서 해주신 말씀이다. 원래 문학을 가르치지만 교과 과정상 한문을 담당하신 선생님이 마지막 수업을 마치며 제자들에게 당부하신 말씀이다. 당시에는 '담당하던 과목이 없어져 섭섭해서 그러시는 건가?'라고 생각했다. 그런데 시간이 흐를수록 그것이 전부가 아니라는 것을 깨달았다. 선생님은 또 기본 한자 1,000자외우기, 일기 쓰기, 신문 읽기와 같은 세 가지 습관을 가져보라고 권하셨다. 주위 친구들은 수능 공부로 바쁜데 가능한 일이겠냐며 웃어넘겼지만, 이상하게도 나에게는 그 세 가지가 꼭 실천해야 할 일로 여겨졌고 지금까지도 이어오는 습관이 되었다.

나는 세일즈를 하며 스스로 뿌듯하게 느껴질 때가 있다. 바로 어느 고객을 만나든지 대화를 끊임없이 이어가는 나를 발견할 때다. 고등학교 때부터 시작한 신문 읽기는 나도 모르는 사이에 다양한 분야의 교양을 쌓게 해주었고, 이는 지위고하를 막론하고 상대방과 어떤 주제로든 이야기를 나눌 수 있는 밑천이 되었다. 나도 모르게 고객 맞춤형 세일즈를 하게 된 것이다.

대부분의 고객들은 듣는 것보다 말하는 것을 좋아한다. 특히 고객 자신의 이야기를 하고 싶어 한다. 그렇다면 왜 고객들은 자신의 이야기를 하고 싶어 할까? 조금은 뻔한 이 물음에 정답은 없다. 사람은 누구나 듣는 것보다는 말하는 것을 좋아하는 심리가 있어 그럴 수도 있다. 그런데 모든 고객이 똑같은 주제로 이야기하는 것은 아니다.

예를 들어 자동차에 대해 이야기하는 것을 좋아하는 사람이 있는가 하면, 책에 대해 말하는 것을 좋아하는 사람도 있고, 정치·경제 문제를 논하기 좋아하는 사람이 있는가 하면, 각종 연예 이슈에 관심이 많은 사람도 있다. 가끔씩 말하는 게 싫은지 이야기를 전혀 하지 않는 사람도 있는데, 그렇다고 말하는 것 자체를 귀찮아하는 것은 아니다. 이런 경우 대부분 아직 자신이 좋아하는 화제가 나오지 않은 것이다. 때와 장소에 맞는 적절한 대화를 통해 고객이 좋아하는 주제를 주도적으로 이야기할 수 있는 분위기를 만들어주어야 한다.

교육기관의 영업대표를 할 때였다. 갑자기 담당 업무가 바뀌는 바람에 인수인계도 제대로 못 받고 고객을 만나게 되어 어떤 이야기를 나눠야 할지 전혀 감이 잡히지 않았다. 굉장히 까다로운 고객이라 새로운 담당자가 배정되면 까칠하게 대한다는 소문만 들었을 뿐 그 이외의 정보는 전혀 없었다. 그래도 중요 고객인 만큼 담당 고객 중 가장 먼저 인사를 드리러 갔다.

아니나 다를까, 고객은 볼일이 없다며 다음에 오라면서 미팅을 급히 끝내려고 했다. 당황하며 주위를 둘러보다 구석에 놓여 있는 글러브와 야구공을 발견한 나는 급히 물었다.

"팀장님, 혹시 야구 좋아하세요?"

그 고객은 '야구'라는 소리에 발길을 돌렸고, 그때부터 일은 일사천리로 진행되었다. 사회인 야구동호회 회장까지 할 정도로 열심히 활동하는 그는 야구를 정말 사랑하는 분이었다. 그간 갈고닦은 야구 지식을 총동원하여 한국 프로야구뿐만 아니라 MLB 같은 해외 야구 동향까지 이야기하다 보니 예정된 시간보다 한 시간이 훌쩍 지나 있었다. 고객은 본인이 좋아하는 주제에 대해 같이 이야기하고 맞장구도 쳐주며, 때로는 더 많은 야구 지식을 드러내는 나를 마음에 들어 했다. 그날 업무 이야기는 거의 하지 않았지만 이후로 그 고객과는 야구 이야기를 하며 관계를 개선해나갔고, 궁극적으로 신제품의 도입까지 이끌어낸 주요 요인이 되었다.

물론 나와 야구 관련 이야기가 잘 통해서 구매를 결정한 것은 아니었다. 그렇지만 '야구'라는 고객의 관심 분야를 주제로 대화하며 편안한 분위기가 만들어졌고, 이야기 중간중간 필요한 업무 이야기를 하면서 내가 원하는 세일즈 결과를 이끌어낼 수 있었다. 이렇듯 고객의 관심사나 흥미 분야의 화제를 던지며 대화를 이어나가다 보면 보다 긍정적인 결과를 얻을 수 있다.

특히 이런 고객 맞춤형 세일즈는 불만을 가진 고객을 상대할 때 더 큰 힘을 발휘한다. 한 조사 결과에 따르면 만족을 느끼는 고객은 평균 5명에게 만족한 내용을 전달한다고 한다. 그렇지만 불만을 느끼는 고객은 평균 10~20명에게 불만 내용을 전달한다고 한다. 불만을 가진 고객이 더 적극적으로 불만 사항을 알리므로 세일즈맨은 그들을 잘 응대해야 한다. 다만 희망적인 부분은 불만을 표시하는 고객은 그 불만이 만족스럽게 해결되면 오히려 단골 고객이 될 확률이 매우 높다는 것이다.

하루는 담당 협력업체 직원이 놀란 목소리로 전화를 했다.

"서 부장님, 큰일 났습니다. 저희 VIP 고객이 잘못된 공문을 받았습니다. 구매를 잘하고 있는데 어떻게 된 일이냐며 굉장히 곤란해졌다고, 판매처가 잘못한 것이니 책임을 지랍니다. 어떻게 하면 좋을까요?"

난처한 듯 한숨을 쉬며 말하기에 나는 고객의 연락처를 받고 전화를 끊었다. 그리고 바로 고객에게 연락해 미팅 약속을 잡았다. 몇 년간의 세일즈 경험을 통해 나는 이런 경우 고객이 원하는 것은 담당자의 책임 있는 자세라는 것을 알고 있었다. 그래서 고객의 시간이 되는 가장 빠른 날 방문했다. 고객은 뭘 여기까지 왔냐며 계면쩍어 했지만 나는 그게 나의 업무라며 대화를 이어나갔다. IT 관리자인 담당 고객은 공문을 받으면 굉장히 곤란한 상황인데 어떻게 하면 좋을지 나에게 물었다. 그래서 오히려 내가 되물었다.

"그럼 제가 무엇을 해드리면 될까요?"

고객은 예상치 못한 나의 물음에 잠시 고민하더니 "그럼 저희 실장님께 잘못 발송된 것이라고 이야기해주세요"라고 했다. 나는 즉시 일어나 실장님 자리가 어딘지 물었고, 알려주는 곳으로 가서 실장님을 만나 90도로 사과의 인사를 드렸다. 더불어 "팀장님은 잘못이 없습니다. 저희 내부 소통 부족으로 불필요한 공문이 발송되어 다시 한 번 진심으로 사과드립니다. 팀장님은 관리를 잘하고 있으니 아무 걱정 마십시오, 실장님"이라고 말하며 다시 한 번 진심을 담아 인사를 드렸다. 두 고객은 솔직하게 잘못을 인정하고 책임지는 나의 모습을 전혀 기대하지 않았기에 더욱 놀라는 듯했다.

나는 지금까지 고객 한 사람, 한 사람의 특성에 맞는 맞춤형 세일즈를 하려고 노력해왔다. 의례적이면서 천편일률적인 서비스 대신 각각의 고객에게 맞는 맞춤형 서비스를 하려고 한다. 그래서인지 고객들과 한 번 인연을 맺으면 오랫동안 관계를 유지하는 편이다.

사실 고객 맞춤형 세일즈는 성공한 대부분의 세일즈맨들이 강조하는 부분이다. 고객 관리의 중요성을 잘 아는 세일즈맨이나 기업들은 고객 맞춤형 세일즈를 모토로 삼는다. 고객들이 만족하지 못하고 떠나는 이유는 각각의 상황에 따라 제대로 된 일대일 고객 맞춤형 세일즈를 하지 못했기 때문이다. 생각해보자. 커피숍을 가더라도 개개인의 성향에 맞춰 커피를 만들어주고, 정장도 기성복보다는 개인 맞춤형이 대세인 시대다.

고객 맞춤형 세일즈를 제대로 하려면 고객 한 사람, 한 사람을 소중하게 대하고 소통을 잘해야 한다. 그래야 고객이 무엇을 필요로 하는지 알 수 있으며, 각각의 고객에게 맞춤형 세일즈를 할 수 있다. 돌이켜보면 고등학교 때 한문 선생님이 지금의 나에게 맞는 맞춤형 세일즈를 하신 게 아닐까 싶다. 항상 고객 맞춤형 퍼펙트 세일즈를 하자.

Lesson 26

가격이 아닌 가치를 전달하라

꿈을 꿀 수 있다면 꿈을 실현할 수도 있다.
- 월트 디즈니

세상에 좋은 제품과 서비스는 무수히 많다. 그렇지만 모든 제품과 서비스가 고객에게 선택받지는 못한다. 특히 저렴한 가격이 전부라고 싼 가격을 고수하던 시대는 이미 끝났다. 고객에게 내가 세일즈 하는 제품의 특별함을 알리기 위해서는 가격이나 기능뿐만 아니라 이 제품이 지닌 특별한 가치를 전달해야 한다. 가치 전달이야말로 세일즈의 핵심이다.

내가 몸담고 있는 소프트웨어 업계에서는 가치 전달이 굉장히 중요하다. 대부분의 고객들이 전부터 사용하던 제품을 계속해서 사용해도 충분하다고 생각하기에 새로운 제품이 출시되어도 열광하는 경우가 흔치 않다. 그래서 가격보다는 새로운 제품이 지닌 가치를 전달하기 위해 수많은 세일즈맨들과 마케팅 및 유관 부서들이 함께 많은 고민을 한다.

2007년 봄은 우리 회사에서 특별한 제품이 출시되는 해였다. 우리 회사의 대표적인 제품인 '오피스'가 상당 부분 변경되었기 때문이다. 해당 제품의 사용자 환경은 약 10여 년간 바뀌지 않고 기본 틀을 유지해왔었다. 당시 내부 직원들에게 '도그푸드DogFood'라는 프로그램을 통해 미리 사용해볼 수 있는 기회가 주어졌는데 바뀐 사용자 환경에 적응하기 힘들다는 의견이 많았다. 고민은 여기서부터 시작되었다. 내가 속한 마케팅팀에서 제품 출시 전 사전 포커스 그룹 인터뷰를 진행해보니 대부분의 고객들도 바뀐 UI 환경만을 보고 사용하기 쉽지 않을 것 같다는 의견을 내놓았다. 특히 충성 사용자 그룹에서도 새로운 사용 환경에 적응하려면 최소 몇 달은 걸릴 것 같다는 피드백이 돌아왔다. 제품이 좋아진 것은 충분히 인정하지만 본인이라면 당장 사용하지 않을 것 같다는 의견이 다수였다.

'이 난관을 어떻게 헤쳐나갈 수 있을까?' 하는 것이 당시 팀에 주어진 화두였다. 신제품의 가격이 그전과 동일했기에 "동일한 가격에 새로운 제품을 사용하세요!"라는 콘셉트로 가자는 의견이 나왔다. 경쟁사의 경우 새로운 제품이 출시될 때마다 가격이 인상되었던 터라 고객들에게 충분히 어필할 수 있을 거라 생각했다. 그렇지만 무언가 2% 부족하다는 느낌을 지울 수 없었다. 내가 고객의 입장이더라도 가격이 오르지 않는다고 해서 사용하기 쉽지 않은 제품을 굳이 사지는 않을 것이기 때문이었다.

그때 팀장님이 문득 "소프트웨어 업계에 보험 개념을 도입해보는 것은 어떨까요?"라고 말씀하셨다. 얼마 전 협력업체 세일즈 분들을 모아놓고 진행한 특강에 초청 강사로 오신 분이 보험 영업의 달인이었는데 그분의 발표에서 아이디어를 얻었다고 했다. 이전까지만 해도 신제품이 출시되면 새로운 기능이나 더 나아진 점을 집중적으로 고객들에게 알렸고 그것만으로도 충분했다. 그렇지만 이번에 출시된 제품부터는 제품 자체보다 제품이 지닌 가치 위주로 전달하기로 하고 마케팅 계획을 세우기 시작했다.

당시 우리나라의 불법 소프트웨어 복제율은 약 43% 정도였고, 이는 OECD 평균 불법 복제율인 25%보다 다소 높은 수준이었다. 특히 우리 팀이 세일즈 타깃층으로 여기는 중소기업들은 돈을 지불하고 소프트웨어를 구매해야 하는 것에 상당한 거부감을 느끼고 있었다. 이런 상황에서 기능이나 가격만을 내세워 신제품을 알리는 것에는 한계가 있었다. 그래서 보험 가입의 개념을 소프트웨어에 차용해보기로 했다.

보험에 가입하는 가장 큰 이유는 불확실한 미래에 대비하기 위해서다. 혹시 일어날지도 모르는 다양한 위험에 대해 보장을 받고 싶은 것이다. 당장 지불하는 비용이 다소 아까울 수도 있지만 미래를 대비해 사람들은 보험에 가입한다. 소프트웨어도 마찬가지라고 우리 팀은 생각했다.

중소기업들은 불법 복제제품 사용의 굴레에서 벗어나고 싶어도 현실적으로 가격이 너무 비싸다고 생각했다. 그래서 우리는 다음과 같은 표현을 생각해냈다.

"하루 커피 한 잔 마실 비용(하루 500원)을 투자하여 불법 소프트웨어 사용에서 벗어나 계약 기간 동안 수량 증감에 상관없이 새로운 제품을 마음껏 사용하세요!"

우리가 고객에게 전달하고자 하는 가치는 크게 두 가지였다. 한 번에 모든 비용을 내는 것이 아니라 1년에 한 번씩 납부하여 '구매 비용에 대한 저항을 줄이는 것'과 '미래의 불확실성에 대비'하는 것이었다.

보험은 매달 일정액을 지불한다. 가령 1억 보장형 종신보험료를 일시불로 납부한다면 한 번에 수천만 원의 비용을 지불해야 하는데, 이런 식으로 보험료를 지불하고자 하는 고객은 한 명도 없을 것이다. 소프트웨어의 경우 기존에는 모든 비용을 한 번에 지불하는 것만 가능했다. 그 부담을 줄이고자 우리는 연간 납부 계약 형태를 만들어 한 번에 내야 하는 비용의 문턱을 많이 낮추었고, 이는 고객들에게 긍정적인 계약 시스템으로 비춰졌다. 또한 중소기업들이 항상 조심스러워하는 불법 소프트웨어를 계약 기간 동안 사용하지 않아도 된다는 가치를 분명히 전달했다. 보험을 계속 유지하는 이유는 계약 기간 동안 서로 약속한 보장을 받기 때문이다.

중소기업들은 직원들의 이직이 상대적으로 잦은 편이다. 그래서 인원이 늘어나거나 줄어드는 것에 따라 소프트웨어 구매 계획을 세우는 것이 현실적으로 쉽지 않다. 언제 어느 시점에 누가 퇴사하고 입사할지 모르기 때문이다. 그래서 우리 팀은 그러한 불편함을 없애주는 가치를 전달하고자 했다. 계약 기간 동안은 인원의 증감에 상관없이 소프트웨어를 마음껏 사용한 후 계약 시점이 되었을 때 정확한 사용 인원에 맞춰 수량을 조절하는 구매 옵션을 추가했던 것이다.

회사 내부에서도 의견이 분분했지만, 우리 팀은 고객에게 전달하는 가치가 가장 중요하다는 신념으로 꼼꼼하게 준비했다. 신제품이 출시되었을 때 고객들의 반응은 생각보다 폭발적이었다. 그해 신제품 출시 효과에 힘입어 우리 팀은 목표 대비 약 150% 이상의 실적을 달성할 수 있었고, 팀장님은 한국 대표로 본사의 세일즈 우수상을 수상하기도 했다.

물론 그때 마침 고객들의 제품 교체 시기가 도래했거나 신제품의 기능 자체가 매우 좋아 많은 고객들이 구매했을 수도 있다. 그렇지만 우리 팀이 준비한, 고객이 원하는 가치를 전달하는 메시지가 구매를 더욱 도왔다고 생각한다. 이렇듯 고객은 가격보다 본인이 원하는 가치를 전달하는 세일즈에 반응한다. 항상 가격이 아닌 가치를 전달하는 퍼펙트 세일즈를 하자.

Lesson 27

고객이 성과를 낼 수 있도록 도와라

당신이 진정으로 믿는 일은 반드시 이루어진다. 그 믿음이 그것을 실현시킨다.
- 조지 괴텔스

"서 부장님, 오랜만이네요! 잘 지내시죠? 요즘 다른 업체들의 실적은 어떤가요? 경기가 좋지 않다고 하는데, 저희는 너무 안 좋네요!"

"네, 대표님! 저는 잘 지내고 있습니다. 그렇지 않아도 그것 때문에 한 번 찾아뵈려고 했습니다. 일정 어떠세요?"

"네, 서 부장님! 저도 좋습니다. 이번 주 금요일 오전 어떠세요?"

"네, 대표님! 그럼 금요일 오전에 사무실로 찾아뵙겠습니다."

"네, 서 부장님. 고맙습니다."

"네, 대표님. 감사합니다."

월요일 오전, 회사에서 업무를 보고 있는데 담당하고 있는 협력업체 사장님에게서 전화가 걸려왔다. 오랜만의 통화여서 안부를 주고받다가 요즘 경기가 좋지 않아 사업 실적이 좋지 않다며 한번 만나서 이야기를 했으면 했다.

협력업체 담당 세일즈를 하면서 많이 듣는 말 중 하나가 "요즘 경기가 너무 안 좋네요. 다른 업체들은 실적이 어때요?"다. 영화 〈베테랑〉의 주인공이 "우리 아버지 때부터 몇 십 년 동안 사업을 하면서 경기가 좋았던 적은 한 번도 없었다"고 이야기하기도 했지만, 실제로 사업을 하는 협력업체 사장님들이 계속 할 수밖에 없는 고민이기도 하다. 나도 함께 고민을 하지만 쉽게 풀리지 않는 숙제다.

미팅을 하기 위해 금요일 오전 10시, 약속 시간에 맞춰 협력업체를 방문했다.

"오랜만입니다, 대표님!"

"네, 서 부장님. 어서 오세요!"

그렇게 미팅은 시작되었고 사장님은 그동안 말 못한 고민을 털어놓았다. 당시 그 협력업체는 상대적으로 빠르게 성장하고 있는 상황이었다. 업계에서 비교적 많이 젊은 편에 속했던 사장님은 겉으로 볼 때에는 탄탄대로를 달려오고 있었다. 시스템엔지니어로서 밑바닥부터 시작한 업계 경력을 바탕으로 고객이 필요로 하는 부분을 잘 보완해주는 디테일하고 꼼꼼한 세일즈 방식으로 많은 고객을 확보해가고 있었다. 그렇지만 다른 업체들과 마찬가지로 어느 정도 성장한 이후 다소 정체기를 겪고 있었다. 담당을 맡게 된 지 6개월 정도 지났는데 그때까지 한 번도 심각하거나 무거운 이야기를 한 적이 없었기에 나는 다소 긴장감을 갖고 미팅을 진행했다.

우리의 공통된 고민은 '어떻게 기존 고객에게서 매출을 더 끌어올릴까' 하는 것이었다. 사장님이나 회사 내 다른 영업대표들의 노력과 열정으로 담당 고객을 많이 만드는 데까지는 성공한 상태였다. 그렇지만 늘어난 고객의 수만큼 고객에게서 발생하는 매출은 높아지지 않는 것이 문제였다.

특히 소프트웨어 라이선스 세일즈는 고객이 기존에 사용하던 제품에 익숙해지면 새로운 제품을 받아들이는 기간이 상당히 길어지는 특징을 갖고 있다. 기존의 업무환경이 바뀌는 것에 대한 거부감이나 저항감이 큰 탓에 기존 고객에게서 새로운 매출을 발생시키는 것이 쉽지 않다. 그렇다고 가만히 앉아서 고객이 스스로 구매하기만을 기다릴 수는 없었다. 우리는 종일 머리를 맞대고 의견에 의견을 교환했고, 결국 새로운 판매 방식을 만들어보기로 했다.

기존의 판매 방식은 인간관계에 의존한 전통적인 세일즈였다. 이미 알고 있거나 친분이 있는 고객사와의 미팅을 통해 구매 계획이 있음을 전달받고, 거기에 맞춰 제품을 공급하는 수동적인 방식이 많았다. 우리는 이러한 전통적인 방식을 바꿔보기로 했다. 고객이 먼저 사용하고자 하는 마음을 먹을 수 있도록 명분을 제공해주기로 한 것이다.

우선 고객이 왜 지금 시점에 신규 제품을 사야 하는지 면밀히 분석해 객관적인 데이터를 제공했다. 대부분 신제품이 출시되면 최대한 많은 정보를 고객에게 전달하며 세일즈를 한다. 그런데 고객들은 그 많은 정보 중에서 본인에게 필요한 정보만을 원한다. 새로운 기능도 좋지만 그 중에서도 실질적으로 활용할 수 있는 기능이 고객에게 전달되어야 하는 것이다. 우리는 그 부분을 중점적으로 파고들었다. 특히 애플과 같이 신제품이 출시될 때마다 매장 앞에서 수백 명의 고객들이 몇 시간씩 기다리지 않는 제품이라면 보다 효과적으로 고객에게 접근할 필요가 있었다.

고객들은 또 본인들만의 특별한 대접을 받기를 원한다. 《총각네 이영석의 장사 수업》에서 저자는, "단골 고객에게는 고객의 생일이나 각종 기념일에 맞는 이벤트 소식을 따로 알렸다. 작은 기념품을 준비하거나 축하 노래와 할인 이벤트를 했다. 각종 이벤트는 입소문을 타기 시작했다. 고객들은 레드 3.0에 가면 특별한 대접을 받는 것 같아서 좋다는 반응을 보였다"고 했다. 우리도 이와 비슷한 방식으로 세일즈를 해보기로 했다. 물론 우리의 제품을 구매하는 고객에게 이와 같이 일대일 방식의 특별 이벤트는 해줄 수 없었다. 다만 일괄적으로 제품을 소개하는 데 그치는 것이 아니라 고객에게 맞는 일대일 맞춤형 컨설팅을 해주었고, 이는 고객들이 특별한 대접을 받는 것으로 생각하게끔 만들었다. 적시적소에 맞는 정보와 관련 솔루션을 종합적으로 제공하며 고객의 관심을 이끄는 데 성공한 것이다.

그렇게 몇 건의 큰 매출이 발생하고 나서 협력업체 사장님의 자존감은 다시 되살아났고 특유의 자신감도 내보였다. 무엇보다도 사장으로서 직원들에게 다시 일어설 수 있다는 희망을 보여준 것이 가장 큰 수확이었다. 직원들이 사장에게 바라는 부분은 여러 가지가 있다. 그중에서도 성과를 만들어내는 사장님의 모습을 가장 기대한다. 무작정 성과를 만들어내라고 일방적으로 지시하는 것은 누구나 할 수 있다고 생각하기에, 결과를 만들어내는 사장님의 모습을 보고 싶어 하는 것이다. 몇 건의 매출 발생 이후 직원들도 사장님의 앞서가는 방향에 따라 움직이기 시작해서 이 협력업체는 다시 정상 궤도에 올라섰다.

내가 담당하고 있는 협력업체들은 대부분 중소기업이다. 중소기업을 경영하는 사장님들이 가장 어려워하는 것 중의 하나가 직원들에게 어떤 리더십을 보여주며 회사를 운영해나갈까 하는 것이다. 같은 업종, 비슷한 규모의 회사인 데다 직원들의 이직도 잦은 편이고, 이는 회사의 전문성을 떨어뜨리기 때문이다. 물론 남아 있는 직원들의 사기도 떨어져 회사로서는 손실이 이만저만 아닐 수 없다. 그래서 사장의 위치는 절대적이다.

중소기업의 경우 사장의 말 한마디, 성과 하나하나가 직원에게 미치는 영향은 엄청나다. 이런 이유로 사장은 매사에 많은 업무 스트레스를 받고, 항상 직원들에게 성과를 보여야 한다고 생각한다. 특히 성과가 없는 사장은 누군가에게 보여주기 위한 일에 치중하기 때문에 조직이 금방 와해되고 만다. 일이란 누군가 시켜서 하는 것이 아니라 스스로 자기 이름을 걸고 회사 전체를 위해서 하는 것임을 스스로 깨닫도록 사장이 모범을 보여야 하는 것이다.

협력업체 담당 세일즈맨으로서 내가 주연이 되지 않아도 좋다. 그저 나의 고객인 사장님들이 성과를 내고, 그로 인해 다시 한 번 회사를 이끌어나갈 수 있는 동력을 얻는다면 그것만으로 충분하다. 이로써 나는 다시 한 번 내가 하는 세일즈에 자부심을 느끼고, 또 다른 협력업체를 찾아간다.

내 고객이 성과를 낼 수 있도록 도와라. 조연으로도 충분하다면 그 자리에 만족하고 주위 고객이나 협력업체를 주연으로 만들어라. 항상 내가 담당하는 고객이 성과를 낼 수 있도록 도와주는 퍼펙트 세일즈를 하자.

Lesson 28

고객 중심의 사고방식을 가져라

고객의 소중한 목소리를 경청하러 갑니다.
- 한 공공기관 기관장

세일즈에 있어 고객의 기대와 눈높이에 맞는 제품이나 서비스를 제공하는 것은 매우 중요하다. 주변을 보면 예전에 우수한 제품이나 서비스를 제공했던 기업들이 어느 순간 불친절하거나 고객의 눈높이에 맞지 않는 곳으로 전락하는 경우가 종종 있다. 고객의 기대는 진화하는데 이를 인식하지 못했기 때문이다. 또한 고객 중심으로 사고하지 않고 끊임없이 자신을 변화시키지 못했기 때문이다. 세일즈맨이나 기업들에게 고객 중심의 사고방식은 성공을 넘어서는 생존의 문제다. 세계적으로 유명한 갑부였던 독일의 카를 알브레히트는 이렇게 말했다.

"고객의 기대는 진화한다."

2012년 봄, 나는 고객들을 모시고 미국에서 진행되는 해외 컨퍼런스에 참석할 기회가 있었다. 고객들과 같이 일주일을 보낸다는 것은 새로운 세일즈 기회를 가져오기도 하지만, 어떤 돌발 상황이 생길지 모르는 긴장의 연속이기도 하다. 특히 컨퍼런스에 고객을 모시고 가는 행사는 잘해야 본전이라는 의식이 팽배했다. 그래서 팀의 막내인 나에게 준비 역할이 주어졌고, 나는 그 부담에 세일즈 본연의 업무도 중요하지만 이 일에 보다 많은 신경을 썼다. 당시 처음 참석하는 고객들이 많고, 인원도 15명 정도나 되어 쉽지 않을 것이라는 생각을 갖고 컨퍼런스를 준비하기 시작했다.

먼저 '대부분의 고객들이 해외 컨퍼런스에 참석하면서 바라는 것은 무엇일까?' 하고 스스로에게 질문을 던져보았다. 행사를 준비하는 입장이 아니라 고객의 입장에서 생각해보기로 했던 것이다. 2005년 겨울, 미국에 처음 출장 갔을 때를 떠올려봤다. 가장 먼저 떠오르는 것이 '아웃렛 쇼핑'이었다.

당시 미국 출장을 간다고 하니 주위에서 열에 아홉은 아웃렛 쇼핑을 추천했다. "출장인데 갈 시간이 있겠어요?"라고 묻자 친한 동료가 이런 한심한 녀석을 봤나 하는 듯 어이없다는 표정으로 남자들에게 미국 아웃렛은 천국이라고 이야기해주었던 기억이 떠올랐다. 남성용 의류는 우리나라가 유독 비싼 편이라 미국에서 구매하는 것이 상대적으로 저렴하기 때문이라고 했다. 컨퍼런스 참석자는 전원이 남자였기에 자연스럽게 아웃렛 쇼핑을 고객을 위해 해야 할 첫 번째 리스트에 올렸다.

해외 컨퍼런스가 진행되는 장소는 미국 서부에 위치한 시애틀이었다. 스타벅스 1호점, 비행기 박물관 및 여러 글로벌 기업으로 유명한 도시였고, 무엇보다도 '시애틀 매리너스'라는 야구팀이 있었다. 나는 참석자들이 대부분 야구 관람을 좋아한다는 정보를 다른 영업대표들을 통해 사전에 입수해둔 터였다. 운 좋게 컨퍼런스 기간 동안 야구 시합이 있었고, 야구 경기 단체관람을 고객을 위해 해야 할 두 번째 리스트에 올렸다.

해외에 나가보면 일주일이라는 시간이 생각보다 길게 느껴진다. 특히 내가 준비했던 컨퍼런스의 경우 돌아오는 비행기의 연결 시간 관계로 예정된 기간보다 미국에서 하루를 더 지내야 했다. 아웃렛 쇼핑이나 야구 경기 관람은 컨퍼런스 중간이나 하루 일정을 끝내고 할 수도 있었기에 또 다른 내용을 준비해야 했다.

'내가 시애틀에 가면 무엇을 하고 싶을까?' 하며 별 생각 없이 이동 동선을 파악하기 위해 지도를 보고 있었다. 그때 시애틀 위에 있는 '밴쿠버'가 갑자기 눈에 띄었다. '멀리 미국까지 왔는데, 미국에 온 김에 캐나다를 가보는 건 어떨까?'라는 생각이 들었다. 평소 여행을 좋아하던 나는 어느 장소에 가든 시간을 쪼개서라도 중요한 곳은 모두 들러야 한다고 생각했다. 이번 컨퍼런스에서 처음 미국에 가는 분들에게 캐나다도 보여드리면 좋을 것 같은 생각에 캐나다 1일 투어를 고객을 위해 해야 할 세 번째 리스트에 올렸다.

《1%의 영업자》라는 책에서 조영근 저자는 세일즈에 대해 이렇게 묘사한다.

"영업은 라면이 먹고 싶을 때 고객에게 라면을 가져다주는 게 아니라 라면을 먹는 고객 옆에 슬쩍 김치를 놓는 일이다. 무작정 사은품을 많이 챙겨주는 게 아니라 사은품이 USB라면 그 안에 고객이 좋아하는 음악이나 영화를 담아주는 게 영업이다. 고객은 양복을 입은 영업자가 잘해주는 건 당연하게 여기지만 사복을 입은 영업자가 잘해주면 대접받는다고 생각한다. 양복 같은 영업이 아닌 사복 같은 영업을 해야 한다."

나도 이와 비슷하게 생각했다. 몇 년 전 히트한 〈썸〉이란 노래에 나오는 가사처럼 나도 세일즈인 듯 세일즈 아닌 듯한 세일즈 같은 일을 한 것이다. 컨퍼런스 기간 동안 우리는 하루에 세 번 간 것을 비롯해 아웃렛 쇼핑을 총 여덟 번 다녀왔다. 물론 내가 운전해서 간 횟수 기준이다. 야구장도 예정된 한 번이 아니라 두 번을 가게 되었다. 입국 전날 진행된 캐나다 1일 투어는 예상과 달리 컨퍼런스 참석 인원 전원이 동참했다.

철저히 고객의 입장에서 생각하고 준비했던 세 가지 이벤트는 모두 반응이 나쁘지 않았다. 오히려 낯선 곳과 잘 들리지 않는 영어에 대한 스트레스를 풀 수 있는 좋은 경험이었다며 고객들 대부분이 만족스러워 했다. 이에 나는 준비를 맡은 담당자로서 안도의 한숨을 내쉴 수 있었다.

당시 컨퍼런스 행사를 위해 준비했던 것을 돌이켜보면 제품이나 서비스를 소개하는 등의 전통적인 세일즈 방식으로 접근했던 것은 하나도 없었다. 고객들에게 세미나에서 발표한 신제품을 다시 소개하지 않았고, 본사 담당자와의 미팅은 그의 일정 중복으로 진행되지도 못했다. 그렇지만 고객들의 컨퍼런스 참석 만족도는 굉장히 높았다. 해외에 나오면서 갖게 되는 가벼운 마음에 걸맞게 고객의 입장에서 필요한 행사를 준비했기 때문이다.

세일즈를 하다 보면 내 뜻이 제대로 통하지 않고, 상황도 따라주지 않아서 목표에 도달하지 못하는 경우가 많다. 그런데 사실 고객들이라고 해서 세일즈맨과 항상 업무 관련 이야기만 하고 싶어 하는 것은 아니다. 고객의 마음을 읽는 세일즈를 하자. 진실한 마음으로 대할 때 고객은 선택의 길목에서 성공으로 향하는 문을 열어준다. 고객 중심으로 접근하는 퍼펙트 세일즈를 하자.

Lesson 29

감성 세일즈로 고객의 마음을 잡아라

아무도 신뢰하지 않는 자는 누구의 신뢰도 받지 못한다.
- 제롬 블래트너

많은 사람들이 세일즈를 '고객의 마음을 얻는 것' 또는 '고객의 마음을 사로잡는 것'이라고 생각한다. 그렇다면 고객의 마음을 얻거나 사로잡으려면 무엇을 어떻게 해야 하는 것일까? 어떤 이들은 정직과 성실, 열정을 머릿속에 떠올릴 것이다. 그래야 고객에게 신뢰를 줄 수 있다고 생각하기 때문이다. 또 어떤 이들은 요즘 유행하는 'Fun' 요소가 가미된 즐거움과 감동 등을 떠올리기도 할 것이다. 하지만 고객의 구매 심리를 연구하는 심리학자들은 고객이 이성적이고 논리적인 판단만으로 구매를 하는 것은 아니라고 강조한다. 실제로 구매를 하는 단계에서 고객은 오히려 감성의 지배를 더 많이 받는다.

2008년, 미국 리먼 브라더스 사태로 야기된 금융위기로 약 6개월 동안

거의 매일 밤을 새며 근무했을 때다. 당시 나는 중소기업 담당 마케팅 업무를 하고 있었는데 금융위기가 닥치자 경기에 민감한 중소기업들은 소프트웨어의 구입을 망설였다. 중소기업들을 대상으로 마케팅을 진행하던 우리 팀은 위기 상황 속에서 성공적인 마케팅 대안을 내놓아야 했다. 특히 팀장님이 회사의 내부 사정으로 인해 다른 팀의 업무에 더 신경을 써야 했기에 남겨진 팀원들은 어미 잃은 새끼 오리처럼 우왕좌왕하며 갈피를 잡지 못했다. 하지만 곧 우리 팀은 하나로 뭉쳐 마케팅 계획을 세우기 시작했고, 일종의 비상대책위원회처럼 긴박하게 운영되었다.

우리가 맨 처음 한 작업은 내부의 마케팅 계획을 전면 검토하는 일이었다. 세일즈가 잘되도록 도와주는 마케팅에서 한발 더 나아가 세일즈를 이끌어나가는 마케팅 계획을 세우기로 했다. 그전까지는 본사의 프로그램을 한국 상황에 맞게 수정해 배포하거나 기본적인 할인 프로그램 등의 마케팅 활동을 주로 했었다. 하지만 이제부터는 고객과 세일즈맨의 목소리를 귀 기울여 듣고 그들이 원하는 마케팅 활동을 진행하기로 했다. 물론 이 모든 것이 쉽지는 않았다. 기존에 진행하던 업무 방식을 완전히 바꿔야 했기 때문이다. 근무 시간 내에 모든 것을 처리할 수 없어 매일같이 자정을 넘기기 일쑤였다. 그렇게 시작된 연장 근무는 6개월 정도 지속되었다.

매일매일 세일즈맨들과 열띤 토론을 하고, 그렇게 나온 아이디어를 마케팅 프로그램으로 만드는 데 열중했다. 그전까지는 세일즈맨들이 요청하는 마케팅 프로그램을 즉각 만들어내지 못해 불평을 수도 없이 들었지만, 그들도 이제 우리를 이해하기 시작했다. 아무 일도 일어나지 않았다면 몰랐을 것을 서로 알게 되었던 것이다.

당시 나는 근무 시간 이후에도 회의실에 모여 마케팅 프로그램을 만들어야 하는 상황이 견딜 수 없을 만큼 괴로웠다. 그때는 '과연 내가 버틸 수 있을까?', '그냥 지금이라도 당장 그만두는 것이 좋지 않을까?', '왜 우리 팀만 이렇게 고생하는 걸까?' 하는 생각에 많이 힘들었다. 하지만 시간이 흐르면서 업무도 어느 정도 안정화되고, 세일즈맨들과의 관계도 개선되기 시작했다. 돌이켜보면 그런 힘든 시간이 있었기에 좀 더 많이 배우고 성숙해질 수 있었던 것 같다. 힘들수록 서로의 감성을 이해하고 그것을 극복하는 방안을 찾을 수 있었기 때문이다.

이후 다시 업무가 세일즈로 바뀌어 우리 회사의 제품을 판매하는 협력업체를 담당하게 되었다. 담당하는 협력업체가 많다 보니 목표한 만큼 성과가 나오지 않았다. 내 욕심 같아서는 모든 협력업체를 일대일로 자주 만나 원활히 소통하고 싶었다. 하지만 현실적으로 쉽지 않은 문제였다. 원래 15곳을 담당했다가 회사의 내부 사정으로 인해 30곳을 담당하게 되었기 때문이다. 그러면서 기존에 맡았던 협력업체들과의 관계도 다소 소원해지기 시작했다. 일주일에 한 번 이상씩은 봤었는데 아무래도 여건상 2주나 3주에 한 번씩밖에 볼 수 없었다.

든 자리는 몰라도 난 자리는 안다고 자주 오던 벤더 직원이 잘 보이지 않자 이상한 소문이 돌기 시작했다. "서 부장은 우리를 싫어해서 자주 오지 않나봐", "서 부장은 혼자 일 다 하나 보네. 뭐가 그리 바쁘다고 우리한테는 한 번도 안 들르지?" 하면서 나의 의지와 상관없이 나는 굉장히 바쁘고 자주 만나주지도 않는 세일즈맨이 되어가고 있었다. 그러한 사실을 알고도 가만히 앉아만 있을 수는 없었다.

나는 작전을 바꾸기로 했다. 무조건 일대일로 만나던 방식에서 벗어나 각각의 직위에 따라 구분한 다음 업무 미팅을 하기 시작했다. 협력업체 사장님들은 같은 일을 하지만 서로 경쟁 관계에 있기 때문에 상대적으로 일대일 미팅을 선호한다. 특히 사장님들의 성향에 따라 무조건 만나서 이야기하는 것을 좋아하는 분들의 경우 일주일에 하루 정도는 반드시 미팅 시간을 가졌다.

사장님 밑에 있는 임원 분들은 나름 업계에서 함께 일한 지 짧게는 5년부터 10년 이상인 경우가 많다. 그래서 친한 분들끼리 서로 사이좋게 지내기도 한다. 나는 그들의 커뮤니티에 한번 들어가 보기로 했다. 골프를 좋아하는 분들을 위해 시간과 비용을 들여서라도 골프 모임에 나갔고, 술을 좋아하는 분들과는 술잔을 기울이며 함께하는 시간을 늘렸다. 그렇게 몇 개의 모임에 참석하면서 내가 얼마나 협력업체를 챙기는지 보여주었고, 다행히 그런 노력이 좋게 비춰져 다시 정상적인 업무 관계로 돌아올 수 있었다.

가장 쉬울 것 같으면서도 어려운 것이 세일즈 실무를 담당하는 분들과의 관계 설정이다. 특히 내가 갑의 위치라고 볼 수 있는 벤더기업의 직원이기 때문에 나를 경계하는 분들이 많았다. '최종 사용자end user'를 대상으로 세일즈를 오래하신 분들은 "벤더 직원이 무슨 세일즈냐? 그냥 관리하는 거지"라며 냉소적인 표현을 서슴없이 하기도 했다. 그렇다고 물러설 수는 없었다. 그런 분들은 단둘이 만나기보다 다른 업체의 직원들과 함께 만났다. 나와 일대일로 만나는 것을 거북해하기 때문에 그분들이 만나고 있으면 자연스럽게 내가 그 자리에 합류하는 식이었다.

만나면 업무 이야기는 거의 하지 않았다. 나는 "사석이니까 이제부터 형님이라고 해도 되죠? 앞으로 잘 부탁드립니다, 형님!" 하며 넉살 좋고 친근하게 굴었다. 웃는 얼굴에 침 못 뱉는다고 처음에는 '별 이상한 놈 다 보겠네!' 하시던 분들도 하나둘씩 나를 인정해주기 시작했다. 본인들보다 나이는 어리지만 이야기도 잘 들어주고, 내가 할 수 있는 범위 내에서 최대한 도와주려고 애쓰는 모습을 보면서 나에 대한 생각이 변한 것이었다. 사무적으로 딱딱하게 대했다면 어림도 없는 일이었을 것이다. 오히려 그분들이 원하는 친근한 감성으로 접근한 덕분에 더 좋은 결과를 가져올 수 있었다.

누군가 이야기했듯이 세상 모든 일은 논리대로 되지 않는 경우가 많다. 오히려 감성적으로 공감하면 서로를 더 이해하고 잘 알게 되기도 한다. 그렇게 나는 협력업체를 각각의 위치에 따라 감성적으로 접근함으로써 꼬여 있던 일을 잘 풀어갈 수 있었다.

닭이 먼저냐, 달걀이 먼저냐의 문제처럼 협력업체와의 관계 설정도 쉽지 않다. 때에 따라 일을 잘해서 관계가 좋아질 수도 있고, 관계가 좋아서 성과를 잘 낼 수도 있다. 그렇지만 각박한 현실 속에서 우선 감성적으로 공유하면서 일을 하는 것이 훨씬 좋은 결과를 가져온다고 나는 믿는다. 나의 고객에게 감성적인 접근이 먹혔기 때문이다.

감성은 고객을 움직이는 강한 힘을 가지고 있다. 요즘 세일즈 관계의 핵심은 '감성 공유' 와 '소통'이다. 이 세상에 존재하는 모든 관계는 36.5도의 체온을 갖고 있는 사람들과의 교감을 통해 이루어진다. 이 정서는 인간에게만 존재하는 특별한 정서이기 때문에 아무리 과학이 발달해도 차가운 기계가 대신해줄 수 없다. 세일즈맨은 많은 사람들을 만나면서 그들과의 관계 유지를 위해 먼저 상대방을 좋아해야 한다. 그러면 어김없이 상대방도 같은 마음 상태가 되어 진심이 서로 통하는 관계로 발전할 것이다. 감성 세일즈로 고객의 마음을 사로잡는 퍼펙트 세일즈를 하자.

Lesson 30

고객과 통하는 세일즈를 하라

인간에게 있어서 가장 중요한 능력은 자기 표현이며
현대의 경영이나 관리는 커뮤니케이션에 의해 좌우된다.
- 피터 드러커

골프와 관련해 이런 이야기가 있다.

"보여주기 위한 것은 드라이버이고, 이기기 위한 것은 퍼팅이다."

세일즈를 하기 위해서는 고객이 누군지 알아내야 하고, 그 고객이 원하는 것이 무엇인지 밝혀내야 한다. 또한 고객이 원하는 것에 대한 방안은 무엇인지 알려줘야 하고, 각종 고객의 저항에 해답을 제시하는 등의 활동을 진행해야만 한다. 이것이 세일즈의 드라이버 부분이라고 볼 수 있다. 그렇지만 실제 결과를 내고 주문을 요청하는 것은 세일즈 끝내기, 즉 고객이 사야지만 가능하다. 내가 아무리 좋은 프로모션이나 광고를 전달해도 고객에게 살 마음이 없으면 세일즈는 끝난 것이 아니다.

흔히 세일즈맨들은 고객들이 조금 더 쉽게 구매 결정을 내릴 수 있도록 여러 가지 세일즈 전략을 활용한다. 그중에서도 가장 간단하면서 가장 강력하고, 가장 인기 있는 전략은 무엇일까? 바로 고객과 통하는 세일즈를 하는 것이다.

"서 부장님, 저희 회사에서 밴드를 만들어 운영하고 있습니다. 같이 멤버로 활동해주시겠어요?"

어느 날 담당 협력업체 사장님이 이런 권유를 했다. 나는 다소 생소했다. 세일즈와 마케팅을 위해 회사 홈페이지, 인터넷 카페 및 블로그 등을 디지털마케팅에 활용하는 방식은 많이 봐왔지만, 지인이나 동호회 회원들이 활용하는 SNS를 통해 세일즈를 하는 것은 나에게는 새로운 경험이었다. 나는 바로 가입해 활동을 시작했다. 며칠간 활동하며 관찰하다 보니 사장님의 혜안에 무릎이 딱 쳐졌다. 내가 세일즈맨으로서 부족하다고 느끼는 부분을 SNS를 통해 잘 메꾸고 있었기 때문이다. 해당 SNS의 특징은 다음과 같다.

1. 각자의 실명을 공개한다.
2. 나를 오픈하게 된다.
3. '우리'가 된다.
4. 댓글로 실시간 확인이 가능하다.

세일즈를 하면서 만나는 사람들은 대부분 직위나 직함을 부른다. "김 팀장님! 이번 구매 건 검토 부탁드립니다" 하고 말하면 "네, 서 부장님!

잘 알겠습니다. 검토하고 연락드리겠습니다"라고 답하는 식이다. 나 역시 언제부터인가 이름 대신 직함을 부르는 것을 당연시하게 되었다. 그런데 이 SNS에서는 모두 실명이 공개된다. 이를 통해 팀장님이나 사장님 같은 호칭에서 벗어나 실명으로 서로의 생각을 공유하며 친근감 있게 다가가는 것이다.

최근 한 은행이 가치 경영의 일환으로 'Great 서비스'를 도입하면서 각 영업점마다 강조한 다섯 가지 핵심테마가 있었다. '밝은 웃음, 관심과 표현, 고객 눈맞춤, 감사의 마음'과 더불어 강조한 항목이 '고객 이름 부르기'였다. 본인의 이름을 불러주면 고객은 이렇게 생각한다. '이런 마인드라면 세일즈도 잘하겠네', '참 친절하네', '나를 특별하게 생각하는구나'라고 말이다. 이렇듯 실명을 부르다 보면 서로를 보다 이해하게 되고 친해질 수 있는 계기가 된다. 그러면 세일즈와 관련 없는 개인적인 내용도 종종 올리면서 고민을 나누는 '사랑방' 성격의 SNS가 된다. 그러면서 자연스럽게 자신의 속마음을 오픈하게 된다. 새로운 고객과 만날 때 수박 겉핥기가 아닌 진심으로 고객과 소통하고 싶다면 먼저 자신을 공개해야 한다.

그 SNS의 개설자인 사장님은 그곳에 개인적인 취미 생활이나 생각 등을 자주 올린다. "제가 주말 동안 취미 생활로 한 드론은요…", "이번에 새롭게 출시된 제품에 대한 저의 개인적인 생각입니다. 가벼운 마음으로 읽어주세요"와 같이 고객의 관심사와 연관된 이야기를 꺼내고 서로 공감대를 형성하는 것이다. 이런 사적인 이야기를 하면 아마추어처럼 생각할 수도 있지만 절대 그렇지 않다. 오히려 절묘하게 고객들과 친밀해질 수 있는 문고리 역할을 해 자연스럽게 대화를 이끄는 긍정적인 요소가 훨씬 많다.

심리학에서 개인적인 정보를 공개하는 것을 '자기공개'라고 한다. 자신을 자연스럽게 공개하게 되면 고객은, '나는 당신에게 마음을 열고 있어요. 당신도 마음을 여셔도 됩니다'라는 메시지를 전달받을 수 있다.

미국의 심리학자 슐츠와 한센은 자신의 정보를 자꾸 공개해나가면 상대방도 그만큼 호감을 가지고, 뭔가를 숨기려고 하면 친밀한 관계로 발전하지 못한다고 말했다. 고객들에게 솔직하게 자신을 드러내는 SNS는 나와 너의 관계를 뛰어넘어 '우리'로 발전하게 만들어준다.

SNS에서 가장 놀라운 부분은 고객과의 공통분모, 즉 공통점을 자연스럽게 찾아가는 '우리'가 되는 것이다. "아! 김철수 님도 그 제품 사용하고 계세요? 잘되었네요. 우리 회사도 해당 제품을 검토 중인데 어때요?"와 같이 업무적인 것도 이야기하고, "박지호 님은 지난 주말에 등산 다녀오셨네요. 저도 등산 좋아하는데, 어디 산을 즐겨 찾으세요?"와 같이 개인적인 일도 자연스럽게 이야기하게 된다. 이처럼 상대와의 공통점을 발견하면 서로를 가로막고 있던 담이 어느새 허물어지고 공통 주제로 시간이 가는 줄 모르고 대화를 이어갈 수 있다. 그만큼 고객과 공통점이 있다는 것은 좋은 신호다. 특히 그 사장님은 이런 공통점을 고객들끼리 자연스럽게 공유하도록 하는 윤활유 역할을 하며 서로가 더욱 친해지게 만든다.

이렇게 '우리'가 된 고객들은 실시간으로 업데이트되는 댓글을 통해 다른 사람들의 생각이나 의견을 알 수가 있다. 짧은 댓글 하나가 상대에게 진심 어린 감사를 표현하는 수단이 될 수도 있다. '좋아요' 같은 댓글 하나가 엄청난 시간과 에너지의 소비 없이도 서로 통하게 하고, 자연스럽게 성공으로 다가가는 계기를 마련해주기도 한다.

사장님은 특별히 모든 글에 댓글을 달며 고객 개개인에 대한 본인의 생각을 표현하고, 때로는 고객의 생각을 경청한다. 한 명의 노력을 시작으로 이제는 자연스럽게 SNS에 글이 하나 올라올 때마다 대부분 댓글이 달린다. 사장님이 시작한 댓글 달기가 긍정의 에너지를 고객들에게 전달하고, 고객들에게 전달된 긍정의 에너지는 자연스럽게 세일즈에 좋은 열매로 돌아오는 것을 발견할 수 있다. 고객과 통하는 SNS가 자연스럽게 세일즈로 이어지는 것이다.

매주 목요일은 여러 나라의 샤오미 사용자들이 열광하는 날이다. 제품의 운영체제와 어플리케이션이 업데이트되는 날이기 때문이다. 많은 회사들이 관련 제품을 수시로 업데이트하지만, 샤오미의 업데이트는 특별하다. '미펀'이라 불리는 수백만 샤오미 팬들과 수천만 사용자들에게서 아이디어와 개선점을 수집하고 이를 제품에 반영하기 때문이다. 고객의 목소리를 듣고 그들의 의견을 반영한 제품을 출시하고 이를 업데이트하면서 고객이 스스로 열광하고 통하게 만들고 있는 것이다.

이와 같이 고객들은 정보를 취득하는 과정에서 개별적이고 주관적인 기억에 주로 의존한다. 제품이 가진 기능과 가치도 중요하지만 개인의 감성과 편파적인 기억이 더욱 심화될 수도 있는 것이다. 이러한 부분을 활용해 고객에게 접근해야 한다. 같은 제품을 경험한 다른 사람의 이야기를 들려주면 저항감은 자연스럽게 낮아진다. 그렇게 세일즈는 진행된다. 고객과 통하는 세일즈를 하라.

Lesson 31

고객에게 좋은 사람으로 비춰지게 노력하라

성공한 사람이 되려 하기보다는 가치 있는 사람이 되려고 노력하라.
- 알버트 아인슈타인

세일즈는 단순히 돈을 버는 행위가 아니다. 진짜 훌륭한 세일즈맨은 못 파는 것이 없을까? 절대 그렇지 않다. 세일즈가 얼마나 훌륭한지는 물론 결과에서 나타난다. 하지만 매출 목표만 달성한다고 해서 훌륭한 세일즈라고 말할 수는 없다. 즉, 세일즈에서 가장 중요한 것이 성과를 내는 것은 아니다.

아무리 무디고 둔한 고객이라도 본능이라는 것이 있다. 고객은 무의식적으로 세일즈맨의 동작과 얼굴에서 미미한 변화를 감지한다. 눈동자가 흐린지, 관심 없는 표정으로 고개를 돌리는지, 뒤돌아 웃고 있는 것은 아닌지 다 보고 있다. 세일즈맨이 숨을 이상하게 쉬는 것도, 대화가 중간 중간 끊기는 것도, 일부러 좋은 목소리를 내려고 하는 것도 모두 알아챈다. 그만큼 고객과의 교감이 중요하다.

세일즈는 고객에 대한 지속적인 관심과 세일즈맨의 인내로 이루어진다. 세일즈맨은 고객과 같은 눈높이에서 오래도록 협력하고, 균형 잡힌 관계 속에서 지속적으로 무언가를 주고받아야 한다. 즉, 고객에게 좋은 사람으로 비춰져야 한다.

아내를 처음 만났을 때의 일이다. 여느 소개팅처럼 시간을 정해 약속 장소인 레스토랑에서 만났다. 누군가와 처음 만나 식사를 할 때면 메뉴를 고르기 어려워하는 편인 나는 그 집의 대표 메뉴로 추천을 부탁했고 곧 음식이 나왔다. 서로 소개를 하고 이야기를 나누며 음식을 먹기 시작했는데 좀 짜다는 느낌이 들었다. '뭐, 그냥 먹지'라고 생각하며 조용히 먹고 있는데 앞에 앉아 있던 아내가 느닷없이 외쳤다.

"저기요, 잠깐만요!"

"네, 손님. 어떤 일로 부르셨죠?"

"이 음식이 너무 짜네요. 저도 웬만하면 음식을 교환하지 않겠는데, 도저히 못 먹겠네요. 죄송한데 다른 메뉴로 바꿔주세요!"

"아, 그러시군요. 알겠습니다. 어떤 메뉴로 드릴까요?"

"음, 그냥 까르보나라로 주세요."

아내는 음식 메뉴를 바꾸고 나서 멋쩍은 듯이 "제가 원래 그렇게 까칠한 사람이 아닌데 도저히 못 먹을 것 같아서 바꾼 거예요. 명식 씨는 괜찮아요?"라며 나에게 되물었다. 나는 "아, 네. 뭐, 먹을 만하네요" 하고 답하며 대화를 이어나갔다.

그 순간 이 여자라는 느낌이 들었다. 다양한 사람을 만나는 세일즈 업무를 하고 있지만 나는 필요한 순간 결정적인 말을 잘 못하는 경향이 있다. 그런데 아내는 아닌 건 아니라고 정확히 이야기하는 성격이었다. 그 부분이 굉장히 마음에 들었고, 나의 부족한 부분을 잘 보완해줄 것 같다는 생각이 들었다. 아내는 그렇게 나에게 좋은 사람으로 비춰진 것이다.

이후 본격적으로 만남을 갖고 서로에 대한 믿음을 바탕으로 우리는 결혼에 이르렀다. 결혼 후 한번은 아내가 물었다. "우리가 처음 만났을 때 음식이 너무 짜지 않았어요? 난 분명히 짰는데…"라고 하기에 "나도 짜다고 느꼈어. 그런데 나까지 바꾸면 진상 커플 될까봐 그냥 먹었어"라고 대답했다. 그러자 아내는 그런 무던함이 좋았다고 했다. 본인은 다소 까칠하고 할 말 다 하는 스타일인데 나는 그렇지 않아 보였다는 것이다. 나는 그렇게 아내에게 좋은 사람으로 비춰진 것이다.

고객과 세일즈맨의 관계도 마찬가지다. 흔히 말해 '케미'가 잘 맞아야 한다. 케미는 드라마나 영화 속 남녀 주인공이 잘 어울릴 때 사용하는 신조어로, 화학 반응을 의미하는 '케미스트리chemistry'의 줄임말이다. 고객과 세일즈맨의 관계도 드라마 주인공처럼 서로 잘 어울리고 맞아야 더 나은 성과를 내고 발전적인 관계를 맺을 수 있다.

흔히 세일즈는 연애와 비슷하다고 한다. 세일즈든 연애든 성공 비결은 상대에게 좋은 사람으로 비춰져 상대를 기쁘게 하는 것이다. 세일즈맨은 '어떻게 하면 내가 좋은 사람으로 비춰질 수 있을까?', '어떻게 하면 고객이 기뻐할까?' 하고 오로지 고객의 입장에서 생각해야 한다. 그런 관점으로 접근할 때 고객의 마음을 얻을 수 있다. 이때 가장 중요한 것이 고객의 말을 집중해 듣는 것이다. 이것이야말로 고객을 정확히 이해하기 위한, 그리고 문제 해결을 위한 최상의 방법이다. 이것이 토대가 될 때 비로소 고객이 원하는 가치 있는 제품과 서비스가 무엇인지 알 수 있게 된다.

나는 '신문 읽기'를 꾸준히 실천하고 있다. 그 이유는 시사 상식도 쌓을 수 있고, 많은 정보도 얻을 수 있기 때문이다. 그리고 무엇보다 어느 고객을 만나더라도 어떠한 주제로든 이야기를 계속 할 수 있는 원천이 되기 때문이다.

흔히 '영혼 없는 이야기를 한다'고 하는데, 이는 무성의하게 호응하거나 리액션을 대충대충 할 때 쓰는 표현이다. 고객도 세일즈맨과 이야기를 하다 보면 자신 앞에 있는 세일즈맨이 얼마나 정성을 다해 대화에 참여하는지, 혹시 시간을 때우기 위해 앉아 있는 것은 아닌지 금방 알아챈다. 대화에 호응하지 못하면 이야기가 자연스럽게 끊기고 고객과의 만남도 끝나게 된다.

손뼉도 마주쳐야 소리가 난다고 했다. 고객과의 관계도 마찬가지다. 고객에게 좋은 사람으로 비춰지지 않는 세일즈맨이 할 수 있는 일은 아무것도 없다. 이때 내가 얼마나 많은 것을 알고 있느냐가 중요한 역할을 한다. 물론 세상에 일어나는 모든 일을 다 알 수는 없다. 그렇지만 고객이 이야기하는 문제에 대해 어떤 반응을 보이느냐에 따라 고객의 관심도가 달라지고 미팅의 수준이 정해지는 것은 분명하다. 무엇보다 '이 세일즈맨은 내가 하는 이야기에 관심을 보이는구나!' 하며 좋은 인상을 받을 수 있다.

세일즈란 각양각색의 사람들을 만나 그들에게 나를 좋은 사람으로 비춰지게끔 하는 것이다. 세일즈에 대한 기본 철학이 제대로 정립되어 있지 않으면 서로 시간만 낭비하게 된다. 모래 위에 집을 짓는 세일즈맨이 되지 않으려면 먼저 사람의 마음을 움직이는 방법을 알아야 한다. 세일즈맨은 기본적으로 고객을 위하는 마음가짐을 가져야 한다. 그래야 고객에게 좋은 사람으로 비춰지고, 그렇게 만들어진 관계를 기반으로 고객이 필요로 하고 원하는 솔루션을 제공할 수 있다. 고객이 원하는 것이 무엇인지, 해결되지 못한 문제가 무엇인지 늘 탐구하는 자세를 가져야 한다.

세일즈맨이 어떻게 하면 많이 팔 수 있을지 고민하는 것은 당연하다. 그렇지만 무엇보다 중요한 것은 먼저 고객에게 관심을 갖는 것이다. 그리고 관심을 가지려면 고객의 말을 듣는 것을 소홀히 하지 말아야 한다. 이것이 퍼펙트 세일즈의 출발점이다. 퍼펙트 세일즈란 처음 만난 고객이든 기존에 알던 고객이든, 그들이 필요로 하는 니즈와 원츠를 찾아내 그것을 충족시켜주는 것에서 시작한다.

소설 《앵무새 죽이기》에 "사람을 이해하려면 피부 속으로 들어가 그 속에서 걸어라"라는 구절이 있다. 고객도 마찬가지다. 고객을 이해하려면 그 고객에게 좋은 사람으로 비춰질 수 있도록 해야 한다. 거기서부터 세일즈는 시작된다.

세일즈를 할 때 자신에게 먼저 질문해보자.

'나는 고객에게 좋은 사람으로 비춰지고 있는가? 나는 고객이 원하는

것을 잘 알고 있는가? 잘 알고 있다면 그것을 어떻게 전달할 것인가?'

여기에 대한 분명한 답을 찾는 세일즈를 해야 한다. 고객에게 좋은 사람으로 비춰지는 퍼펙트 세일즈를 하자.

Lesson 32

가격을 낮추지 말고 고객의 기대감을 높여라

설득하고 싶다면 이성적으로 말하지 말고 흥미롭게 말하라.
- 벤자민 프랭클린

세일즈를 할 때 고객에게 사야 하는 이유로는 구체적인 것을 제시하고, 사야 하는 핑계로는 추상적인 것을 강조해야 하는 경우가 있다. 예를 들어 강가에 있는 멋진 별장이나 펜션을 판다고 생각해보자. 이런 제품들을 팔려면 고객이 직접 만져볼 수 있는 구체적인 무언가를 반드시 제시해야 한다. 그렇지만 좋은 곳에 있는 별장이나 펜션의 가격은 매우 비싸다. 이때 순전히 논리적인 관점만 부각시킨다면 고객은 구매하기를 주저하게 된다.

세일즈에 성공하려면 사야 하는 기대감을 고객에게 심어주어야 한다. 고객에게 별장이나 펜션을 판매한다고 이야기하는 것보다 "이번에 펜션을 구매하시면 아름다운 집에서 사랑하는 가족 분들과 행복한 시간을 주말마다 보낼 수 있습니다. 요즘 주말 농장이 유행인데 아드님과 따님이 현장 체험을 해볼 수 있는 기회도 될 수 있고요. 무엇보다 주중에 일하시느라 지친 고객님과 부인에게 줄 수 있는 휴식이 최고의 선물입니다"라고 이야기한다면 고객은 기대감을 갖고 구매할 가능성이 크다.

세일즈를 할 때 기억해야 할 것은, 고객에게 현재의 상품 가격은 중요한 것이 아니라는 사실이다. 지금 내가 세일즈 하고 있는 제품이나 서비스가 가져다줄 미래의 기대감을 보고 구매를 결정한다는 것을 알아야 한다. 그저 강가에 있는 별장을 사는 것이 아니라 마당의 나무가 만들어주는 그늘, 가족과 함께 바비큐 파티를 하면서 보낼 수 있는 행복한 시간, 조용히 휴식을 취할 수 있는 공간에 대한 기대감을 사는 것이다.

고객에게 가격도 물론 중요하지만 그들이 가격을 가장 중요하게 생각하지는 않고, 때로는 가격을 잊어버리기도 한다는 것을 기억해야 한다. 물론 최저 입찰 등의 세일즈 기회에서는 가격이 전부다. 그렇지만 고객이 가지고 있는 기대감이 큰 경우에는 다르다. 예를 들어 대부분의 남성들이 즐겨 입는 정장이 있다고 하자. 그 정장을 구매한 지 오래되었다면 정확한 가격을 잊어버렸을 가능성이 매우 높다. 그런데 설령 비싸게 주고 샀더라도 지금 갖는 기대치가 훨씬 높다면 아무런 문제없이 잘 입고 다닐 수 있다.

같은 이야기를 해도 유난히 재미있는 사람들이 있는 반면, 전혀 웃기지 않은 사람들이 있다. 재미있게 이야기하는 사람들의 공통점은 상대방의 머릿속에 이야기의 정황이 구체적으로 그려지도록 설명한다는 것이다. 그들은 또 자신이 본 영화의 줄거리를 마치 자신이 경험한 것처럼 생생하게 설명함으로써 상대방이 그 분위기를 느낄 수 있도록 해준다. 세일즈를 할 때에는 이렇듯 고객이 물건을 살 때 갖게 되는 기대감과 그렇지 않을 때 생기는 불이익을 스스로 머릿속에 그릴 수 있도록 구체적으로 설명해야 한다.

나와 미팅을 하는 고객들은 대부분 내 휴대전화를 유심히 관찰한다. 내가 경쟁사의 제품을 사용하기 때문이다. 그리고 대부분 "서 부장님, 제가 걱정할 사항은 아닌 것 같지만, 혹시 경쟁사 제품을 써도 괜찮아요? 회사 내부에서 문제없어요?"라고 물어본다. 그러면 나는 이런 대화를 고객의 기대감을 높이는 기회로 활용한다. "우리 제품이 경쟁사 제품에서도 얼마나 서비스가 잘되는지 보이시죠? 저는 우리 회사 제품만 좋다고 말씀드리는 것이 아닙니다. 그만큼 호환이 잘되고 지금 고객님의 시스템과도 문제없이 호환할 수 있다고 자신 있게 말씀드릴 수 있습니다"라고 이야기하는 것이다.

내가 처음부터 일부러 경쟁사의 제품을 사용한 것은 아니었다. 휴대전화가 고장 나서 수리하던 중 어쩔 수 없이 사용하게 된 경쟁사의 휴대전화가 그때 미팅을 했던 고객들의 눈길을 사로잡았던 것이 계기가 되었다. 고객의 기대감이 더 커지는 것을 보고 나는 더 열심히 경쟁사의 제품을 사용하게 되었다. 그로 인해 고객의 기대감은 오히려 상당히 높아졌고, 그렇게 진행된 세일즈는 대부분 성공적인 결과를 가져왔다.

간혹 하얀색 자동차를 원하는 고객에게 빨간색 자동차를 사라고 열심히 권하는 세일즈맨들이 있다. 그 결과는 안 봐도 뻔하다. 극단적인 예지만 이혼을 앞둔 부부에게 종신보험을 권유하는 것은 축구선수가 자살골을 넣는 것과 같다. 이렇듯 고객에게 쓸모없는 제안을 하는 것은 소위 우스갯소리로 고객을 두 번 죽이는 것이다. 그다음부터는 말할 필요도 없이 고객을 만나는 일은 더 이상 없을 것이다.

세일즈맨은 고객이 무엇을 원하는지, 무엇을 필요로 하는지 정확히 파악해야 할 의무가 있다. 그리고 이에 대한 기대감을 높여줄 수 있어야 한다. 고객을 만나기 전에 많은 정보를 수집하고, 정보에 바탕을 둔 제품과 서비스를 준비해서 고객이 그 제품이나 서비스를 사용할 때 발생하는 기대감을 강조하며 설득해나가야 한다.

고객의 입장에서 세일즈 제품을 사지 않는 이유 중 하나는 신뢰할 수 없기 때문이다. 고객이 세일즈맨한테 거짓말을 하는 것 같다고 대놓고 말할 수는 없다. 그렇지만 고객이 그렇게 느낀다면 실패의 결과를 가져온다. 대개의 경우 불신의 감정은 아주 미미하다. 그런데 그 조그마한 불신이 세일즈의 성공을 가로막는다.

내가 담당하는 협력업체들이 우리 회사와만 거래를 하는 것은 아니다. 다양한 회사의 제품을 각각 필요로 하는 고객에게 알맞게 제공해주는 경우가 많다. 다양한 제품의 포트폴리오를 통해 고객에게 선택할 수 있는 기회를 주는 것도 좋지만, 그중에서도 우리 회사의 성장과 미래를 위해 주력으로 내세우는 제품과 서비스는 분명히 있다. 그래서 나는 세일즈를 할 때 해당 제품과 서비스에 더 많은 집중을 하도록 유도한다. 그런데 고객에게 정확한 기대감을 심어주어야 한다는 철학을 가지고 계시는 협력업체 사장님이 한 분 있다. 해당 제품을 판매했을 때 취할 수 있는 이득이 크더라도 고객에게는 그 제품이나 서비스가 맞지 않을 수도 있기 때문이다. 그래서 고객에게 우리 회사의 주력상품만 소개하지 않고 고객의 기대감과 일치하는 다른 제품도 소개하는 경우를 종종 볼 수 있다. 실적이 중요한 세일즈맨의 입장에서는 다소 아쉬울 때도 있다. 하지만 장기적인 관점에서는 고객의 기대감을 높이는 접근 방식이 맞기에 나도 많이 배우려고 노력하고 있다.

'덴마크 우유'라는 우유 상표가 있다. 북유럽에 위치한 덴마크는 대부분의 사람들에게 좋은 이미지로 각인되어 있다. 그래서 덴마크 우유를 인수한 회사는 '덴마크'가 주는 긍정적이고 좋은 이미지 때문에 브랜드명을 그대로 유지했다. 대신 고객의 기대감을 높이기 위해 광고 콘셉트에 조금 변화를 주었다. 제품 포장에는 일반 우유와 다르게 '명화'를 인쇄해 넣었다. 단순히 몸에 좋다거나 건강에 필요한 우유라는 기본적인 기능에 '프리미엄 콘셉트'를 추가한 것이다. 네덜란드 작가 요하네스 페르메이르의 〈진주 귀걸이를 한 소녀〉, 프랑스 작가 마네의 〈피리 부는 소년〉 등의 명화 콘셉트로 우유를 출시했고 결과는 대성공이었다. 덴마크 프리미엄 커피는 2008년 매출액 기준으로 전년도 대비 750% 증가했다. 사실 이런 명화들과 우유의 맛은 아무런 상관이 없다. 그럼에도 불구하고 덴마크 우유는 '명화'와 '프리미엄'이라는 기대를 높였기 때문에 성공할 수 있었다.

고객은 제품이나 서비스를 직접 사용해본 뒤 구매하지 않기도 한다. 콘셉트가 확실한 제품이나 서비스만 실제로 구매한다. 그 제품이나 서비스가 좋을지 나쁠지는 알 수 없지만 좋아 보이고 기대가 되는 것을 구매한다.

싼 게 비지떡이라고 했다. 이제 고객은 더 이상 가격이 싸다고 해서 지갑을 열지 않는다. 제품이나 서비스의 퀄리티도 충분히 높아야 한다. 단순히 저렴한 가격만 내세우는 세일즈 시대는 지났다. 고객에게 충분한 기대감을 심어주는 세일즈를 해야 할 때다. 가격을 낮추지 말고, 고객의 기대감을 높이는 퍼펙트 세일즈를 하자.

Perfect Sales

CHAPTER 5

퍼펙트 세일즈로 성공하라

고객이 거절한다고 너무 쉽게 단념할 필요는 없다. 열심히 노력했는데도 성공하지 못했다고 너무 일찍 실망할 필요도 없다. 친절을 베풀어도 매출이 늘지 않는다고 섣불리 포기할 필요도 없다. 세일즈를 하다 보면 뚫고 나아가야 하는 한계 지점이 주기적으로 나타난다. 한계 지점이 눈앞에 있음을 기억하고 한계를 돌파해보자.

99%의 평범함에 머무를 것인가, 아니면 1%에 해당하는 위대한 세일즈맨으로 도약할 것인가? 모든 것은 당신의 선택에 달려 있다.

Lesson 33

세일즈력은 배반하지 않는다

결단력이 부족한 것은 성품이 낮은 사람들의 핵심적인 특징이다.
- 볼테르

대부분의 사람들이 세일즈맨이라고 하면 물건을 판매하는 사람으로 생각한다. 물론 크게 봐서는 물건을 사고파는 것이 세일즈맨이 하는 일이기도 하다. 그렇지만 흔히 이야기하는 장사나 판매, 세일즈는 저마다 특성이 다르다. 판매는 제품을 파는 것이고, 장사는 물건을 사고파는 일이다. 한편 세일즈는 영리를 목적으로 하는 비즈니스 또는 그런 행위나, 이익을 얻기 위해 비즈니스를 경영하는 일이다. 따라서 세일즈맨은 자신뿐만 아니라 소속된 기업에도 이익이 되는 결과를 가져다줄 수 있어야 한다.

사실 인간의 활동 중 세일즈와 연관되지 않는 분야는 거의 없다. 인간의 활동이 대부분 부가가치를 창출하기 때문이다. 예를 들어 프로야구

선수가 시합을 뛴다든지, 학생이 토익점수를 잘 받기 위해 학원에서 수업을 듣는다든지, 미혼 남녀가 만나 소개팅을 한다든지 등등 수많은 인간들이 각자의 위치에서 활발하게 활동하고 있다. 이런 것들도 엄밀히 따지면 자신을 세일즈 하는 것으로 볼 수 있다.

세일즈는 경력이 오래되었다고 잘하는 것이 아니다. 학력이 높다고 해서 무조건 잘하는 것도 아니다. 법대나 로스쿨을 졸업하고 개인사무소를 차린 변호사들도 문을 닫는 경우가 종종 있다.

인류가 흘러온 역사만큼 세일즈의 역사도 오래되었다. 그렇지만 세일즈를 확실하게 할 수 있는 기본 조건이 무엇인가에 대해서는 어느 누구도 정답을 갖고 있지 않다. 중요한 것은 세일즈의 개념을 잘 이해하고, 진실성과 신실함을 갖고서 얼마나 최선을 다하느냐 하는 것이다. 이에 따라 결과가 좌우되기도 한다. 그렇게 쌓인 세일즈력은 쉽게 무너지지 않으며, 성공적인 결과를 가져오는 기반이 된다. 이런 세일즈력을 갖추기 위해 내가 세운 몇 가지 원칙이 있다.

첫 번째, 솔직해야 한다. 변명이나 핑계를 대기보다는 솔직한 게 최선이다. 안 되는 것을 된다고 말하는 순간 고객은 더 이상 세일즈맨을 믿지 않는다. 물론 계약을 성공시키기 위해, 고객의 마음을 얻기 위해 미사여구를 총 동원해 고객을 설득하고 싶은 마음은 충분히 이해한다. 그렇지만 솔직함이 대세인 요즘 시대에 거짓은 더 이상 통하지 않는다.

나도 예전에 고객의 무리한 부탁에 한번 확인해보겠다는 뻔한 거짓말 아닌 거짓말을 한 적이 있다. 고객 앞에서 경쟁사는 되는데 우리 회사는 안 된다는 이야기를 하는 것은 자존심이 허락하지 않았기 때문이다. 물론 미팅 후 회사에 들어와서 확인을 해봐도 불가능한 부분이어서 고객에게 연락을 할 수가 없었다. 결국 고객은 나를 신뢰하지 않고 다른 경쟁사를 선택했다. 차라리 그때 솔직하게 "팀장님, 말씀하신 기능은 현재 우리 회사에서 제공하지 않고 있습니다. 그렇지만 보완할 수 있는 다른 기능으로 충분히 내부 업무 시스템에 활용할 수 있을 것 같은데 어떻게 생각하세요?"라며 미팅을 진행했다면 오히려 고객의 신뢰를 얻고 성공적인 세일즈를 할 수 있었을 것이다. 고객에게 거짓을 전하면 세일즈맨으로서의 신뢰를 보장 못한다.

두 번째, 항상 감사하는 마음을 가져야 한다. 감사하는 마음은 흔히 말하는 '기브 앤드 테이크give-and-take'다. 감사하는 마음은 인간이 가질 수 있는 마음 중에서 가장 위대한 지혜이고 미덕일 뿐만 아니라 아름다운 덕의 바람직한 근본이 된다. 또한 어떠한 시련이나 어려움도 이겨낼 수 있는 버팀목이 된다. 지금은 감사할 상황이 아니더라도 항상 극복할 수 있다는 믿음과 참을성을 가져야 한다.

내가 만난 고객 중에 경쟁사인 G사의 제품을 선호하는 고객이 있었다. 우리 회사의 클라우드 주력제품인 Office365에 대한 장점과 혜택을 아무리 설명해도 내가 하는 말에 전혀 신뢰를 보이지 않았다. 그래서 세일즈 방법을 바꿔 단순히 우리 회사 제품이 좋다는 것만 강조하기보다 경쟁사와의 비교표를 가지고 어떤 것이 좋고 나쁜지를 비교해서 보여주었다. 그제야 그 고객은 내가 설명하는 부분에 조금이나마 동의를 했다. 결론적으로 그 고객에게 우리 회사 제품을 사용하게 만들 수는 없었다. 하지만 꼼꼼한 고객을 만난 덕분에 나도 더 많이 공부할 수 있었고, 그것이 경험이 되어 향후 다른 고객에게는 설명을 더욱 잘할 수 있었다. 당장 안 된다고 쉽게 포기하기보다는 감사한 마음으로 그런 어려운 환경도 활용할 수 있는 방법을 한 번 더 고민해보자.

세 번째, 주변 사람들에게 잘해야 한다. 모든 것을 나 혼자 할 수는 없다. 도와주는 사람이 있어야 하고, 혼자 하는 것보다 같이 할 때 비즈니스가 보다 원활히 이루어질 수 있다. 고객과 더불어 주변 사람들은 당연히 갖춰야 할 세일즈의 기본상품과 같은 것이고, 내가 하는 세일즈 결과에 절대적인 영향을 미친다.

우리 회사에는 계약서 담당자가 따로 있다. 근무하는 층도 다르고 부서도 달라 평소 마주칠 기회가 많지 않았지만 나는 의식적으로라도 잘 챙기려고 노력했다. 그분이 일하는 층에 들를 일이 있으면 일부러 한 마디라도 더 하고, 내·외부에서 받는 소소한 기념품들도 하나씩 나눠주었다. 평소에 그분에게 도움을 받을 일은 없었다. 그런데 결정적인 순간에 끝까지 나를 도와주었다.

당시 1년 마감을 위한 마지막 계약 건의 계약서가 마지막 날 근무시간까지 도착하지 않아 계속 대기 중이었다. 평소 같았으면 그분은 뒤도 돌아보지 않고 퇴근했겠지만, 그날은 끝까지 기다려 계약서에 법인 인감도장을 찍을 수 있도록 도와주었다. 내가 그동안 그런 결과를 바라고 행동했던 것은 아니었지만 평소에 잘해준 덕을 본 것은 사실이다.

끝으로 긍정적인 마인드를 갖고 세일즈 해야 한다. 세상 모든 일이 항상 좋을 수는 없다. 비즈니스도 좋을 때가 있고 나쁠 때가 있듯이, 세일즈도 오르막이 있으면 내리막이 있다. 지금 계약을 성사시키지 못했다고 좌절할 필요도 없고, 반대로 지금 계약을 성사시켰다고 우쭐해할 필요도 없다. 긍정적인 마음으로 항상 준비하고 있으면 기회는 반드시 생긴다. 어려운 순간에도 긍정적인 마인드를 가지고 기다리면 언젠가 그것을 충분히 보상해주는 결과가 찾아오게 마련이다.

2010년, 나의 세일즈 생활 중 가장 큰 위기가 닥쳤다. 목표로 했던 성과도 달성하지 못하고, 담당 고객사도 줄줄이 경쟁사로 넘어갔다. 그런 어려운 상황 속에 팀장님과의 불화도 겹쳐 회사를 그만두려는 생각까지 할 때였다. 그때 옆 팀의 팀장님이 내가 안되어 보였는지 같이 차 한 잔 하면서 해주신 말씀이 아직도 생각난다.

"서 과장님, 요즘 옆에서 보니까 너무 힘들어하는 것 같은데, 맞죠? 세일즈가 그래요. 내 마음대로 된다면 얼마나 좋겠어요? 그런데 세상에 그런 일은 하나도 없습니다. 특히 조직 내에서는 더 그래요. 월급쟁이 입장에서 내가 할 수 있는 최선을 다했는데 결과가 잘 안 나오는 경우도 있지요. 그런 꼴을 당하지 않으려면 자기 사업을 해야겠지요. 그럴 생각이 없다면 지금 어려움은 반드시 지나갈 것이라고 생각하고 긍정적으로 생각하세요."

그러면서 일희일비하지 말라고 하셨다. 그분의 격려 덕분인지 나는 그 위기를 비교적 잘 견뎌낼 수 있었다. 그리고 그 후에 그분과 같은 팀이 되어 부서에서 가장 잘나가는 팀의 일원이 되었다. 쉽게 포기하고 부정적인 생각을 계속 했다면 일어날 수 없는 일이었다. 어려움이 닥치더라도 냉정하게 분석하고 긍정적인 부분을 찾는 것은 그때부터 나에게 하나의 습관으로 자리 잡았다.

세일즈가 결코 쉽지는 않다. 그렇다고 쉽게 포기할 필요는 없다. 하고자 하는 의지가 분명하고 제대로 된 열정과 성의만 있다면 누구나 도전 가능한 것이 세일즈이기도 하다. 세일즈맨은 항상 어려운 시기를 스스로 헤쳐나갈 수 있어야 한다. 그렇게 쌓인 세일즈력은 절대 배반하지 않는다. 기본부터 충실히 시작하는 세일즈를 해보자.

Lesson 34

거절은 세일즈의 시작이다

한 번도 실패하지 않았다는 건 새로운 일을 전혀 시도하고 있지 않다는 신호다.
- 우디 앨런

자고로 세일즈맨은 거절당하는 것을 두려워해서는 안 된다. 세일즈에서 가장 의미 있고 재미있는 수치 중 하나가 고객의 거절 횟수다. 세일즈맨은 항상 "거절은 판매의 시작이다"라는 말을 기억하고 있어야 한다. 때로는 거절이 보잘것없는 승낙보다 가치 있을 수 있다. 따라서 고객의 거절에 좌절할 필요 없다. 오히려 그럴수록 고객에게 다가서는 용기가 필요하다. 고객이 승낙할지, 거절할지 혼자서 고민만 하는 것은 귀중한 시간을 좀먹는 일이다. 고객의 거절에 상처받는 것을 두려워하기보다, 계속 두드리면 문이 열리듯 항상 마음을 열고 미리미리 준비해두는 것이 바람직한 세일즈맨의 자세다.

세일즈는 거절로부터 시작된다. 세일즈에서 거절은 당연한 것이고 자연스러운 현상이다. 만약 세일즈에 거절이 없다면 어떨까? 세일즈가 재미없다고 여기는 세일즈맨들도 많을 것이다. 물론 짜릿한 전율도 없을 것이다. 마치 김빠진 탄산음료처럼 맛없고 맹숭맹숭한 세일즈가 될 것이다. 고객의 거절이 있기에 그것을 이겨내고 계약을 성사시켰을 때의 성취감과 기쁨도 있는 것이다.

대학생 시절 나는 여러 가지 아르바이트를 경험했다. 많이들 하는 중·고생 과외부터 시작해서 신문 배달, 우유 배달, 식당 서빙, 주유, 세차, 막노동, 근로 장학생 등등 웬만한 아르바이트는 다 했는데, 그중 기억에 특히 남는 것이 있다. 바로 매해가 끝나는 시점에만 할 수 있고 수익도 큰 '복조리 팔기'다. 섣달 그믐날 한밤중부터 정월 초하룻날 아침 사이에 걸어놓고 한 해의 복을 기원할 때 쓰는 복조리는 12월이 되면 학교 아르바이트 모집 게시판에 항상 올라오는 인기 아이템이었다.

2003년 겨울, 군대를 제대하며 다시는 집에 손을 벌리지 않기로 다짐하고 최소한의 시간을 투자해 돈을 벌 수 있는 아르바이트를 찾던 내 눈에 복조리 팔기가 들어왔다. 나는 즉시 아르바이트를 모집하고 있는 사무실로 찾아갔다.

부산 변두리에 위치한 사무실에서는 학생들에게 복조리 한 개당 5천원에 팔고 있었다. 예상했던 대로 판매한 것에 대한 수당을 받거나 정해진 일당을 받는 방식이 아니었다. 미리 구매를 하고 내가 판매하는 가격에 따라 수익을 얻는 구조였다. 해당 업체는 이런 방식으로 해야 학생들이 더 책임감을 갖고 팔게 되고, 몇 년간 운영해본 경험상 이것이 최적의 방법이라고 설명했다. 어떻게 할까 고민하다가 옆에 있던 다른 학생들이 대부분 사는 것을 보고 나도 엉겁결에 수중에 있던 돈을 탈탈 털어 10개만 샀다.

집으로 돌아오는 지하철에서부터 나는 어떻게 팔아야 할지 고민하기 시작했다. 우선 집 근처에 있는 아파트 단지로 갔다. 나는 신문 배달 하던 방식으로 아파트 꼭대기 층에서 내려오면서 한 층씩 벨을 눌러 팔아보기로 했다. 일종의 방문판매 방식은 처음이라 기대 반, 걱정 반으로 시작했는데 결과는 대실패였다. 아파트 세 개 동을 도는 동안 하나도 팔지 못했다. 고객들은 내가 누구인지 설명하기도 전에 문을 열어주지 않았고, 열더라도 바로 닫으며 거절했다. 충격이었다. '내가 이러려고 거금을 투자하고 시간을 내 복조리를 팔려고 했나?' 하는 자괴감이 몰려왔다. 그렇다고 물러설 수는 없었다. 내가 쏟아부은 돈도 회수해야 하고, 제대까지 한 마당에 집에 손을 벌릴 수는 없었기 때문이다.

'어떻게 해야 고객에게 거절당하지 않을까?' 계속 생각하고 고민했다. 그러자 몇 가지 방안이 떠올랐고 나는 이를 즉시 실천했다.

첫 번째는 내가 아는 사람들에게 파는 것이었다. "명장은 이길 수 있는 환경을 만들고 이긴다"라는 말이 있다. 중국 춘추전국시대에 유래된 이 말은 아무리 유능한 장수라도 항상 이길 수는 없기에, 미리미리 승리할 수 있는 최적의 환경을 만들어놓고 전투에 임해야 한다는 뜻이다. 나도 똑같이 실천하기 위해 내가 제일 잘 알고 있는 사람은 누구인지 골똘히 생각했다. 가장 먼저 부모님과 부모님의 지인들이 떠올랐다. 그분들은 내가 학생인 것도 알고, 아르바이트를 통해 돈을 벌려고 하는 것도 알고 계셨다. 그런 만큼 나를 모른 체하지는 않을 거라 생각하고 주말에 부모님의 계모임 장소로 찾아갔다. 갑자기 나타난 나를 보고 모두 의아해하셨지만 이내 내가 온 취지를 알고는 기분 좋게 하나씩 사주셨고, 나는 10개를 모두 판매할 수 있었다. 대부분 1만 원에 팔았지만, 그중 어릴 때부터 봐왔던 아버지의 친구 분께서는 거금 5만 원을 주셨다. 기특하다며 더욱 열심히 공부하라는 뜻이었다.

보험이나 자동차 등의 세일즈를 처음 시작하는 사람들도 대부분 지인들을 가장 먼저 찾는다. 아무래도 거절을 쉽게 못할 것을 알고 있기 때문이다. 물론 요즘은 지인이라고 해서 무조건 사주지는 않는다. 다만 팔려고 하는 제품이나 서비스가 충분히 살 만한 가치가 있다면 지인들도 기꺼이 구매할 명분이 생긴다. 따라서 거절당하지 않기 위해서는 주변의 지인들을 충분히 활용할 필요가 있다.

첫 번째 완판으로 자신감이 붙은 나는 복조리 사무실에서 20개를 더 사와 복조리 팔기에 도전했다. 이번에는 무작정 벨을 눌러 사달라고 떼쓰기보다는 나의 스토리를 함께 팔기로 했다. 왜 내가 복조리를 파는지 설명하면 아무도 듣지 않으려고 했기에 내가 전달하고자 하는 메시지를 슈퍼에서 구한 박스 뒤에 적어 보여주었다.

"부산 영도에서 자란 서명식 군이 군 제대를 했습니다. 복학을 앞두고 부모님께 손을 벌리기 싫어 이렇게 복조리 파는 아르바이트를 하고 있습니다. 사시는 분들 신년운 수도 대박 나고 건장한 청년도 도울 수 있는 복조리 하나 사주시면 감사하겠습니다!"

아파트를 다니며 문을 열어주는 분들에게 이러한 메시지를 보여드렸다. 그런데 생각보다 반응이 괜찮았다. 특히 아무 말도 하지 않고 문구를 유심히 들여다보던 어머니들의 반응이 좋았다. 자식들 생각이 나서인지 대부분 다시 들어가서 지갑을 가지고 나와 적당한 가격을 지불해 주셨다. 나는 3일 동안 그런 방식으로 20개를 모두 팔 수 있었고, 그렇게 모인 돈은 약 50만 원 정도가 되었다. 나는 두 번의 세일즈 활동을 통해 방학 기간 동안 쓸 수 있는 용돈을 충당했고, 복조리 판매 아르바이트는 그것으로 그만두었다.

요즘 세일즈에서 가장 주목받는 것 중 하나가 "스펙이 아닌 스토리를 전달하라"는 메시지인데, 그 당시에 나의 의도와는 상관없이 상황에 맞게 활용했던 것 같다. 특히 또래 친구들이나 선·후배들이 많이 살던 동네에서 '군 제대를 하고 복학을 앞둔 학생'의 메시지가 어머니들에게 잘 통했다. 본인들의 자식을 보는 듯한 심정으로 후하게 봐주신 것이었다.

지금 생각해보면 내가 처음 당해보는 고객들의 거절에 좌절하고 포기했다면 용돈을 벌 수 없었을 것이다. 당시에는 세일즈를 했다기보다 내가 투자한 돈이 아깝고 더 벌고 싶은 생각에 무조건 팔아야 했다. 그래서 약간의 머리를 썼다. 조금은 치사해 보이지만 부모님과 부모님의 지인들에게 구매를 요청드렸고, 내가 가진 스토리를 통해 고객들에게 구매 감정을 불러일으켰던 것이다. 갓 제대한 군인의 자세로 '무조건 할 수 있다!', '무조건 팔아야 한다!'고 생각한 것이 다행히 좋은 결과를 가져왔다.

세일즈도 이와 비슷하다. 내가 팔려고 하는 제품이나 서비스가 좋다고 무조건 고객이 살 것이라고 생각한다면 오산이다. 고객들은 기본적으로 거절을 잘한다. 고객 입장에서는 무엇이 좋은지 잘 모르기 때문이다. 처음 보고 덜컥 사는 고객이 있다면 그건 순전히 운이 좋은 것이다. 세일즈는 거절로부터 시작된다. 고객이 왜 거절했는지 생각해보자. '내가 팔려고 하는 제품과 서비스가 고객이 원하는 것이 맞을까?', '어떻게 하면 고객이 거절을 안 할까?', '어떻게 하면 고객에게 판매할 수 있을까?' 하고 끊임없이 생각하고 고민해야 한다.

세일즈는 단순히 물건을 판매하는 행위가 아니라 생각하고 고민하는 행위다. 예전처럼 무조건 들이댄다고 고객이 구매해주지는 않는다. 왜 고객이 거절하는지 고민해보자. 거절은 세일즈맨에게 축복일 수 있다. 어떻게 세일즈 할 수 있을지 생각하게 만들어주기 때문이다. 고객의 거절을 두려워하지 말자. 거절은 판매의 시작이다.

Lesson 35

서로 윈윈 하는 세일즈를 하라

모두가 중요한 존재다. 누구보다 더 중요한 사람은 존재하지 않는다.
- 블레즈 파스칼

"1+1은 2가 아니다. 그 이상이다."

서울대 오정석 교수님이 저술한 《지금 당신에게 필요한 경영의 모든 것》이라는 책을 보면 2016년 여름 전 세계를 강타한 게임으로 '포켓몬 고'를 꼽았다. 나이언틱이 개발한 것에 닌텐도의 캐릭터를 더한 모바일 게임 포켓몬 고는 출시와 동시에 모바일게임 분야 1위에 등극했다. 포켓몬스터의 캐릭터 이야기는 전 세계 다양한 연령층에 걸친 포켓몬스터 팬들의 큰 호응을 이끌어냈다. 무엇보다 게임 자체도 성공했지만 그 파급 효과는 IoT, O2O, 헬스케어 등 다양한 서비스플랫폼으로 성장할 수 있는 가능성을 제시했다.

포켓몬스터의 고향인 일본에서도 출시된 즉시 페이스북의 사용자 수를 넘어설 정도로 그 열풍이 거셌다. 특히 일본 맥도날드는 포켓몬 고 효과를 톡톡히 봤다. 포켓몬 고와의 제휴를 통해 맥도날드 매장을 체육관이나 포켓몬을 찾을 수 있는 장소로 변신시켜 자연스럽게 고객들이 맥도날드에 머무르도록 한 것이다. 이처럼 협업으로 1 더하기 1이 2 이상의 효과를 내는 현상을 '시너지'라고 하며, 서로 윈윈 하는 관계라고 볼 수 있다.

다른 업계도 그렇지만 특히 IT 업계는 업무 환경의 변화 폭이 넓고 빠르다. 불과 5년, 10년 전 유행했던 것이 몇 년 사이에 구시대적 유물이 되어버리기도 한다. 그리고 새로운 트렌드가 몰려와 세일즈맨이나 고객 모두를 힘들게 하기도 한다. 그러한 변화를 수용 못하고 현실에 안주했다가는 소속된 조직에서 도태되기 일쑤다. "피할 수 없으면 즐겨라"라는 말처럼 세일즈맨도, 고객도 변화를 수용하고 그러한 변화를 어떻게 활용할지 생각해야 하는 시대가 된 것이다. 즉, 고객이 끊임없이 발전할 수 있도록 도와주고 생각하게 만드는 것이 세일즈맨의 의무이자 책임이다.

"팀장님, 알겠습니다. 그럼 이번에는 구매하지 마세요. 팀장님의 생각은 충분히 이해하지만, 계속 기존 시스템만 고집하신다면 전산실 업무가 어떻게 될지는 저도 장담 못합니다."

최근에 만나는 고객들에게 내가 가장 많이 하는 말이다. 특히 IT 업계에서 클라우드가 일상화 된 이후 고객들에게 '이렇게까지 이야기해도 되나?'라는 생각이 들 정도로 심하게 이야기하곤 한다. 물론 변화를 두려워하는 고객들을 기존의 관습이라는 알에서 깨어나오도록 돕기 위해서다. 이렇게 이야기하면 이 사람이 정말 세일즈맨 맞냐는 듯이 눈이 휘둥그레져서 놀라는 고객이 대부분이다. 어떻게 세일즈맨이 물건을 사지 말라고 할 수 있나 하며 어안이 벙벙해한다. 하지만 내가 팔고자 하는 제품이나 서비스를 한 번 파는 것으로 관계를 끝내는 것은 진정한 세일즈가 아니다. 나의 세일즈를 통해 고객이 보다 성장하고 발전할 수 있고, 서로 윈윈 할 수 있는 관계를 만드는 것이 진정한 세일즈인 것이다.

훌륭한 세일즈맨들은 진심으로 고객이 필요로 하는 부분에 관심을 기울이면서 자기 회사의 입장과 고객의 입장을 잘 헤아린다. 이러한 중간자적인 모습을 보고 고객들은 정보를 믿고 공유하며, 비밀도 거리낌 없이 알려준다. 세일즈맨이 고객의 근심을 이해하고 공정성을 유지하려고 노력하는 것을 알기 때문이다. 고객은 세일즈맨이 세일즈맨의 관점에서 프레젠테이션을 할 경우 그저 정보 전달자에 불과하다고 여긴다. 정보를 교환하고 커뮤니케이션하는 세일즈맨이야말로 진정으로 훌륭한 세일즈맨이다.

훌륭한 세일즈맨들은 고객의 시간을 소중하게 여기며, 고객과의 시간을 유용하게 보내려고 노력한다. 고객을 위한 전략을 계획하고 미팅을 준비하는 데 많은 시간을 투자하는 것이다. 고객들은 이렇듯 자신을 위할 줄 아는 세일즈맨을 높게 평가한다. 고객이 가지고 있는 문제를 풀기 위해 직접 나서서 효과적인 제안과 더불어 노하우까지 제공하는 세일즈맨의 자세를 기대하는 것이다. 세일즈맨은 판매하려는 제품과 서비스에 대한 단점도 기꺼이 설명하며 고객이 충분히 생각하도록 도와야 한다.

내가 요즘 세일즈를 담당하고 있는 협력업체 사장님들에게 많이 하는 말이 있다.

"사장님, 이미 잘 알고 계시겠지만 클라우드 시장은 하루가 다르게 성장하고 있습니다. 요즘은 오히려 고객이 먼저 클라우드가 어떤 것인지 물어보기도 합니다. 분명 근래에 클라우드가 IT의 가장 큰 화두가 될 것입니다. 저는 이렇게 성장하는 시장을 제가 개척하고 싶습니다. 그 시장 개척의 동반자는 물론 사장님입니다."

이렇게 서로 동반성장 할 수 있는 환경을 만들려고 노력한다. 더불어 우리 회사와 협력업체 사이에 있는 총판과도 함께 협업을 하려고 한다. 현재 내가 하고 있는 세일즈의 세 축은 벤더기업, 총판, 협력업체다. 모두가 같은 비즈니스 결과를 원하지만 입장이 각각 다르기에 가끔 이해가 상충될 때도 있다. 각자의 입장에서 원하는 결과와 욕구가 다르기 때문이다. 그럼에도 불구하고 우리는 같이 판매하는 제품이나 서비스에 대해 자발적이고 지속적으로 변해가는 모습을 만들어야 한다.

물론 모든 조직이 의도한 대로만 흘러가는 것은 아니다. 오히려 반대하고 과거만의 방식을 고집하는 경우도 있다. 이러한 경우 내가 사용하는 방법은 서로 한 방향을 보게 하는 것이다. 실제 협력업체를 담당하며 가장 많이 신경 쓰는 분야가 총판과의 협업이다. 그러면서 만든 것이 일종의 '성공 사례 만들기'다.

협력업체에서 가장 많이 신경 쓰는 부분 중 하나는 '경쟁사에서는 어떻게 활동하는가' 하는 것이다. 동종 업계에서 함께 일하면서 경쟁은 피할 수 없는 부분이기 때문이다. 그래서 나는 한 협력업체, 총판 담당자와 미팅을 하여 무조건 성공 사례를 만든다. 그것이 다른 협력업체를 자극하게 되고, 모두가 함께할 때 서로 윈윈 할 수 있다는 것을 깨닫게 해주는 지름길이기 때문이다. 모든 것을 혼자 할 수는 없다.

세일즈를 할 때면 으레 '갑' 과 '을'로 나누어 생각을 한다. 팔려는 세일즈맨과 구매했을 때 이익이 될지, 손해가 될지 갈등하는 고객이 있기 때문이다. 그런 관계에서 일반적으로 세일즈맨은 고객에게 끌려갈 수밖에 없다.

흔히 세일즈 초기에는 한 건의 계약을 성사시키기 위해 간도, 쓸개도 다 빼줄 것처럼 행동한다. 고객은 세일즈맨의 그런 태도를 보고 더 나은 조건을 얻기 위해 의도적으로 시간을 끌거나 다른 경쟁사와 비교하기도 한다. 그러나 이런 관계는 궁극적으로 고객과 세일즈맨 모두에게 좋은 결과를 가져올 수 없다. 세일즈맨이 언제까지나 자기 손해를 감수하면서 고객에게 맞춰줄 수는 없고, 고객 또한 이번에는 만족한다고 해도 다음번에 그 기대를 충족시켜주지 못하면 냉정하게 다른 세일즈맨을 찾아가기 때문이다. 그렇다고 세일즈맨이 강제적으로 고객을 자신이 생각하는 방향으로만 끌고 가기도 어렵다. 고객 입장에서는 손해에 대한 두려움이 커서 거부 반응을 일으킬 수 있기 때문이다.

세일즈는 원래 상생win-win을 대전제로 한다. 윈윈 하지 않는 비즈니스는 결코 성공할 수도, 오래갈 수도 없다. 말이 쉽지 실제로 실행하는 것은 엄청나게 어려운 일이다. 그럼에도 불구하고 세일즈는 한 번의 사고

파는 행위에 그칠 것이 아니라 고객과 세일즈맨의 관계가 지속적으로 유지되도록 해야 한다. 한마디로 세일즈맨은 항상 고객과 서로 윈윈 할 수 있는 세일즈를 하도록 노력해야 한다.

Lesson 36

정도 영업, 고객 섬김의 원칙을 지켜라

정직은 가장 확실한 자본이다.
- 랄프 왈도 에머슨

"저의 자부심은 3연패가 아니라 언제나 정도正道 영업을 했다는 것입니다."

"정도 영업 안 하면 망한다."

"내실 강화 위해 정도 영업은 반드시 필요하다!"

미래에셋생명 은퇴설계대상에서 슈퍼챔피언 3연패를 달성한 고정희 이사대우 설계사의 수상 소감과 시중 보험회사 사장 및 은행장의 선언문이다. 모두 진심이 통하는 고객 섬김의 세일즈를 하겠다는 표현이다. 최근 세일즈 분야뿐만 아니라 다른 여러 분야에서도 정도 경영을 비롯한 고객의 신뢰를 끌어올리는 데 많은 신경을 쓰고 있다.

정도 경영이란 기업과 구성원이 법적, 경제적 책임은 물론 사회 통념상 기대되는 도덕적 책임을 다하겠다는 것이다. 이로써 임직원, 주주, 고객, 경쟁사, 공급자, 정부, 지역사회 및 나아가서는 국가까지 이해관계자들에게 신뢰를 얻고자 하는 것이다. 이는 잘못된 기업의 관행이나 불필요한 비용 구조를 정도 경영 기준에 맞도록 바로잡아 해당 기업의 경쟁력을 향상시켜준다. 또한 경제적 부가가치를 최대화함으로써 '지속 가능 경영corporate sustainability management'을 달성하기 위해 도입되고 있다. 배려, 절제, 정직, 신뢰, 책임, 공정 등을 모토로 고객의 소리에 귀 기울이며 투명하게 '사회적 책임'을 다하는 기업은 승리하고 거기에 소속된 세일즈맨도 함께 성공할 수 있다.

특히 내가 근무하고 있는 글로벌 기업에서는 핵심가치의 하나로 정도 경영 및 윤리에 관한 가치를 중요하게 다룬다. 기업이 성장하고 발전함에 따라 지속 가능한 경영을 하려면 정도 경영은 필수이며, 반드시 지켜야 하는 가치이기 때문이다.

엔론은 1985년 설립된 후 15년 만에 세계 최대의 에너지 기업으로 성장했다. 그리고 세계 최고의 혁신 기업으로 불리며 미국인들이 가장 일하고 싶어 하는 기업으로도 손꼽혔다. 하지만 2001년 12월, 초대형 회계 부정 스캔들이 터졌다. 이로 인해 미국 경영 시스템의 전체적인 실패로 낙인찍히면서 몰락하여 미국 역사에서 최대 규모의 파산을 기록했다.

국내 기업들 중에서도 정도 경영 문제로 파산하거나 갑자기 사라지는 기업들이 나타나고 있는 추세다. 또한 이와 관련된 문제가 점점 중요하게 다루어지고 있다. 특히 국내 고객들의 의식 수준이 상당히 높아지면서 도덕성에 흠집이 난 기업들은 멀리하고 있다. 기업의 크기와 상관없이 기업의 기본 가치인 정도 경영은 기업의 존폐를 가를 정도로 중요한 가치를 지닌다.

최근 한 대기업에서 임원급 인사들이 자필 DM Direct Mail을 발송해서 화제가 된 적이 있다. 대부분 주어진 편지에 사인만 하던 인사들이 직접 고객을 생각하는 마음을 담아 자필로 모든 내용을 작성한 것이다. 고객 감동을 넘어 '고객 섬김'의 길을 가고자 하는 것이 그 기업의 핵심 가치다. 한 글자, 한 글자가 모여 만들어낸 진심이 고객들에게 전달되리라고 생각하는 것이다.

나에게도 이와 비슷한 고객 섬김의 자세를 가르쳐준 멘토가 있다. 신입사원일 때 한창 업무를 배우느라 정신없는 와중에 그분이 한번은 나를 조용한 미팅 룸으로 불렀다. "명식 씨, 당신이 일하는 회사가 어디에요?"라고 묻기에 나는 무슨 이렇게 실없는 질문을 하나 하는 생각으로 "당연히 마이크로소프트입니다"라고 말했다. 그러자 멘토는 "그럼 당신이 그 마이크로소프트가 맞습니까?"라고 되물었다. 말문이 막혔다. 나는 회사에 속한 직원일 뿐이지 내가 회사 자체는 아니었다. 멘토는 소속된 회사의 브랜드 파워나 입장만 고려하여 협력업체나 고객사에게 함부로 대하지 말라는 의미에서 말을 해준 것이었다. 이후 나는 항상 이 회사에 잠시 적을 두고 있을 뿐이지 내가 회사 자체는 아니라는 생각을 끊임없이 스스로 되새기고 있다.

고객 섬김의 길은 멀리 있지 않다. 내가 속한 회사가 유명하다고 해서,

성장하고 있다고 해서 함께 일하는 분들을 무시하거나 존중하는 마음을 갖지 않아서는 안 된다. 특히 세일즈 업무의 경우 판매 방법, 판매 경로 등을 통한 매출 부풀리기, 밀어내기, 담합, 뇌물 및 접대를 포함한 부정 등 비정도 영업에 대한 유혹이 끊임없이 발생한다. 세일즈맨으로서 계속 성장해야 한다는 압박이나 지나친 경쟁의식으로 인해 비정도 영업을 하거나 고객을 무시하는 태도를 갖게 될 수도 있다. 그렇지만 이러한 행태는 세일즈맨과 기업의 성과를 순식간에 무너뜨릴 수 있을 뿐만 아니라 평판이 생명인 세일즈맨에게 치명적인 이미지 손실을 안겨줄 우려가 있다.

2006년, 피부의 고향이 되고자 쇼핑몰 이름을 '시드물'이라면 지은 문중기 대표가 있다. 물 맑은 마을에서 자란 그는 자연의 원료로 지혜로운 화장품을 만들고 있다. 시드물은 녹차를 주요 성분으로 화장품을 만들다가 알로에, 달팽이, 줄기세포 성분으로 제품의 범주를 확대했다. 이유는 단 하나, 고객이 원해서였다. 사업이 잘된다고 해도 고객의 불만은 존재하기 마련이다. 문 대표는 불만족스러워하는 고객에게는 직접 전화를 걸어 인간적인 대화를 나눈 다음 고객이 원하는 대로 처리해준다고 한다. 고객의 불만을 무시하거나 소통하지 않지 않으며, 소비자가 원하는 제품을 만들지 않는 비정도 경영 기업과 비교되는 사례다.

또한 그는 제품을 배송할 때 직접 손으로 쓴 편지를 동봉해서 보낸다. 그런 편지가 하루 평균 1,000통이 넘는다. 처음에는 굉장히 구구절절하게 썼었는데, 사업이 잘되면서 보내야 하는 편지의 양도 많아져 이제는 두 줄 이상 쓰기가 쉽지 않다고 한다. 그래도 처음 시작했을 때 만든 고객 섬김의 틀은 최대한 깨지 않으려고 노력한다. 그만큼 고객을 최우선으로 대해야 하기 때문이다. 그런 그를 우리는 CEO Chief Executive Officer가 아닌 고객 섬김 전문 경영인Chief Servant Officer: CSO이라고 여길 수 있을 것이다.

물론 회사의 규모와 세일즈맨의 성향에 따라 일부 정도 경영과 고객 섬김의 원칙이 제대로 지켜지지 않는 경우도 발생한다. 모로 가도 서울만 가면 된다는 생각으로 원칙 없이 세일즈를 한다면 큰 손실이나 실패가 뒤따를 수밖에 없을 것이다. 순간의 선택이 평생을 좌우한다. 찰나의 헛된 유혹이나 꼬드김에 빠지지 않도록 정신 바짝 차려야 한다. 어떠한 순간에도, 어떠한 일이 있더라도 정도 영업과 고객 섬김의 원칙을 지켜야 한다.

김재원 저자의 《라다크, 일처럼 여행처럼》이라는 책에 다음과 같은 구절이 나온다.

"몸이 많이 안 좋으신가 봐요. 상태가 어떤데요?"

"어지럽고, 메스껍고, 으슬으슬 춥고, 몸이 늘어지네요. 고산증세가 제대로 오나 봐요. 여기 4,000미터 넘는다고 했죠?"

"네, 4,200 정도 될 겁니다. 내일은 5,300까지 올라가는데 괜찮으시겠어요?"

"안 괜찮으면요?"

"하산해야죠. 낮은 데로 가야 낫는 병이니까요."

높은 산에 오르면 필연적으로 고산병이 따라온다. 그럴 때에는 낮은 곳부터 시작해서 적응해야 한다. 처음부터 높은 곳에서 시작하면 고산병을 피할 수 없기 때문이다. 세일즈도 마찬가지다. 처음부터 혼자 잘된 세일즈맨은 없다. 고객을 섬김으로써 함께 성장해야 한다. 물론 그러려면 정도를 지켜야 한다. 천 리 길도 한걸음부터라고 하듯이 세일즈도 겸손하게 낮은 자세에서 시작해야 한다. 정도 영업, 고객 섬김을 지키는 세일즈를 하라.

Lesson 37

자기 자신을 이기는 세일즈를 하라

할 수 있다고 생각하든 할 수 없다고 생각하든 당신은 옳다.
- 헨리 포드

사람들의 잠재력은 엄청나다. 그런데 대부분의 사람들이 그 잠재력의 10%도 써보지 못하고 죽는다고 한다. 도전해보기도 전에 스스로 안 된다고 포기하기 때문이다. 포기하는 이유에는 여러 가지가 있다. 그중 가장 결정적인 이유는 자신이 원하는 것만 보고, 믿고 싶은 것만 믿고, 자기가 편한 방식으로만 생각하기 때문이다. 이렇게 어떤 대상이나 정보를 전체적으로, 객관적으로 받아들이지 않고 자신에게 유리한 대로만 선택적으로 받아들이는 것을 심리학에서는 '선택적 지각'이라고 한다.

선택적 지각을 하게 되면 자신의 기준으로 모든 것을 생각하게 된다. 어떤 일을 하다가 실패하면 '나는 잘했는데 세상이나 남이 안 도와줘서 안 되는 거야'라고 다른 누군가를 탓하게 되고, 자신의 부족한 점이나 잘

못에서 실패의 원인을 찾으려 하지 않는다. 이런 사람들은 매번 실패하기 일쑤이고, 무슨 일을 해도 잘 안 된다고 한탄한다. 그들은 항상 부정적인 생각에 빠져 있으며, 성공은커녕 인생에 어떠한 변화도 가져오지 못한다.

세일즈에서도 가장 어려운 것이 자기 자신을 이기는 세일즈를 하는 것이다. 성공적인 세일즈를 위해서는 세일즈 환경이나 고객이 변하길 기대하기 전에 나의 어떤 점이 부족한지 냉정하게 판단할 줄 알아야 한다. 고객이나 환경이 아닌 내가 스스로 변화해야 발전할 수 있기 때문이다. 그래야만 다른 세일즈맨과는 차별화된 나만의 진정한 가치가 생기고, 비로소 고객이 아닌 자신과 싸울 수 있는 힘을 갖게 된다.

자기 자신을 이기기 위해 가장 먼저 해야 할 일은 과거의 나와 이별하는 것이다. 물론 과거의 내가 존재했기에 지금의 내가 있고, 둘의 관계는 떼려야 뗄 수 없는 관계이긴 하다. 그렇지만 과거의 나와 현재의 내가 서로를 붙잡고 변화를 거부해서는 안 된다. 과거의 내가 앞으로의 발전 가능성을 가로막고, 더 이상 성장하지 못하게 나의 발목을 잡을 수도 있기 때문이다. 회사에서의 세일즈도 마찬가지다. 내가 입사한 지 10년도 채 되지 않았는데 IT 업계의 생존경쟁은 점점 더 치열해지고 있고, 앞으로도 불꽃 튀는 전쟁이 예상되는 상황이다. 나 역시 과거의 성공 경험에 도취되어 가만히 앉아 있으면 안 된다.

10년이 아니라 불과 5년, 3년 전만 해도 우리 회사 내에서 '클라우드'라는 용어는 마케팅 용어이거나 경쟁회사에서 내세우는 비전일 뿐이라고 생각했다. 그렇지만 지금은 직원 모두에게 생존의 문제가 되었다. 나 스스로도 클라우드라는, 변화하는 세일즈 환경에 적응하지 못하면 도태될 것이라는 위기의식을 느끼며 계속 공부하고 있다. 과거에 배웠던 것들이 때로는 발목을 잡기도 하고, 더 쉽다는 생각에 안주하고 싶어지기도 하지만 그러면 안 된다는 것을 깨달았기 때문이다. 그래서 나는 평소 교육을 많이 받는 것을 선호한다.

대부분의 세일즈맨들이 교육에 대한 투자를 아까워한다. 이미 알고 있는 내용일 수도 있고, 그 시간에 고객을 만나 세일즈를 하면 더 나은 결과를 가져올 수 있다고 생각하기 때문이다. 그렇지만 내가 교육을 통해 쌓은 지식과 정보를 확실하게 내 것으로 만들면 고객에게 전달하는 정보나 지식의 깊이가 달라진다. 과거에는 얕은 지식으로 살짝 포장만 했다면 이제는 온전히 고객을 성공으로 이끌어주는 세일즈를 할 수 있게 되는 것이다. 이렇게 눈앞에 놓인 표면적인 것만 보는 것이 아니라 그 이면에 감춰진 본질을 들여다볼 줄 알아야 한다.

흔히 스포츠에서 싸워서 이겨야 할 선수는 상대 선수가 아니라 자기 자신이라고 하는 것처럼, 자신을 넘어서야 더 큰 발전을 이루어낼 수 있다. 그러기 위해서는 과거의 나와 현재의 내가 철저하게 경쟁해야 한다. 우리는 이제 익숙한 것들과 결별을 해야 하고, 내 발목을 잡았던 과거의 나와 싸워 이겨야 한다.

자기 자신을 이긴 예로 나폴레옹을 들 수 있다. 그가 이룬 업적에 대한 공과 과를 떠나서, 자라온 과정을 보면 그는 여자와 도박 같은 것에 빠지지 않고 치열하게 공부와 독서에만 힘을 쏟았다. 그 결과 최고의 장군이 될 수 있었고, 황제의 자리까지 올랐다. 타고난 천재이기보다는 누구보다도 치열하게 자기 자신을 이기기 위해 노력한 것이다. 그런 의미에서 세일즈맨들이 가져야 할 습관 중 하나가 깊은 사색과 생각을 위한 '독서'다.

늘 바쁘게 돌아가는 세일즈 현장의 특성상 매달 실적에 쫓기기도 하고, 고객을 접대해야 하는 경우도 많다. 또한 내부 업무 보고에 필요한 서류 작업으로 인해 깊은 사색과 생각을 할 여유가 많지 않은 것이 사실이다. 그렇기 때문에 더욱더 자기 자신을 이기는 세일즈를 하기 위해 독서를 해야 한다. 정말 뛰어난 세일즈맨이 되기 위해서는 시간을 쪼개서라도 독서를 해야 한다. 그래야 시간이 흐를수록 고객이나 세상을 보는 관찰력과 직관력이 높아지고, 이는 자신의 가치를 높이는 기본적인 힘이 되어줄 것이다.

"한 달에 몇 권의 책을 읽으세요?"라고 물었을 때 자신 있게 대답할 수 있는 세일즈맨은 많지 않을 것이다. 그런데 정말 시간이 없어 책을 읽지 못하는 것일까, 아니면 책 읽는 습관이 들지 않아 그런 것일까? 역설적으로 성공한 세일즈맨들이 가장 강조하는 것이 바로 독서다. 한 사람의 인생이 모두 담겨 있는 책을 통째로 흡수하는 것이 그들의 경험을 내 것으로 만들 수 있는 가장 빠른 길이기 때문이다.

세일즈 활동 중 자투리 시간을 활용해도 좋다. 고객과의 미팅을 위해 대중교통으로 이동할 때나 약속 시간 전 여유 시간 및 식사 시간 등 무심코 버려졌던 시간도 활용해볼 필요가 있다. 나는 그래서 일부러 이동 동선을 미리 계획하고 대중교통을 많이 활용하려고 한다. 없는 시간을 만들 수 있는 장점도 있고, 이동 시간만큼은 온전히 나를 위해 활용할 수 있기 때문이다. 자기 자신을 이기는 습관은 이렇듯 사소한 것에서부터 시작할 수 있다.

책 읽기가 어렵다면 가볍게 읽을거리를 찾아 시작해보는 것도 좋다. 나는 개인적으로 책을 읽는 것만이 독서라고 생각하지는 않는다. 신문이나 잡지 등을 읽는 것도 독서의 범주에 들어간다고 생각한다. 어떠한 것이라도 내가 알지 못하는 정보와 지식을 쌓게 해준다면 충분히 훌륭한 스승이 될 수 있다고 생각하기 때문이다. 단순히 스마트폰으로 게임을 하거나 정보 검색만 하기보다는 자기 자신을 이기는 원천이 되는 깊이 있는 지식과 지혜를 배우는 데 시간을 쏟아보자.

"전쟁터에서 백만 인을 이기기보다 자기 자신을 이기는 사람이 가장 뛰어난 승리자다."

《법구경》의 한 구절이다. 진정한 승부는 다른 사람을 이기는 것이 아니라 과거의 나를 이기고, 지금의 나보다 한발 앞서 나가는 데서 판가름 난다. 자신과의 경쟁을 뒤로한 채 다른 사람과의 싸움에 몰두하면 자칫 파멸만 불러올 뿐이다. 늘 자신과의 싸움을 멈추지 않는 사람이 성공의 문턱에 빨리 다가갈 수 있다.

시곗바늘이 지나가는 지금 이 순간도 과거가 되어가고 있다. 그리고 또 다른 현재가 시작되고, 미래는 나를 기다리지 않는다. 과거의 나를 버리는 일이 쉽지는 않겠지만 과거의 내가 새로운 나를 탄생시키는 데 걸림돌이 되지 않도록 항상 과거의 나를 버리기 위한 싸움을 하자. 그래야 자기 자신을 이기는 세일즈를 할 수 있다.

당신도 1%의 세일즈맨이 될 수 있다

많은 사람들이 재능의 부족보다 결심의 부족으로 실패한다.
- 빌리 선데이

세일즈맨들은 주로 몇 번 거절을 당하면 그 고객을 포기할까? 한 조사에 따르면 단 한 번의 거절로 포기하는 사람은 48%였다. 두 번 거절을 당하고 포기하는 사람은 25%였고, 세 번까지 도전했다가 포기하는 사람은 15%였다. 즉, 세 번의 거절을 당하면 약 88% 이상의 세일즈맨이 고객을 더 이상 만나지 않는다고 한다. 그렇다면 세 번 이내에 포기를 한 88%와 그 이상의 거절에도 불구하고 포기하지 않은 12% 중 어느 쪽이 더 많은 성공을 거두었을까? 후자에 해당하는 12%의 세일즈맨이 전체 매출의 80%를 올렸다고 한다. 포기하지 않고 끊임없이 고객을 방문하는 세일즈맨이 성공할 수 있다는 이야기다.

누군가 지금 시점에 나에게 1%의 세일즈맨이라고 생각하는지 묻는다면 나는 자신 있게 대답할 수 없다. 하지만 분명히 말할 수 있는 건, 내가 1%의 세일즈맨이 되기 위해 끊임없이 노력하고 있다는 것이다.

고객이 거절한다고 너무 쉽게 단념할 필요는 없다. 열심히 노력했는데도 성공하지 못했다고 너무 일찍 실망할 필요도 없다. 친절을 베풀어도 매출이 늘지 않는다고 섣불리 포기할 필요도 없다. 세일즈를 하다 보면 뚫고 나아가야 하는 한계 지점이 주기적으로 나타난다. 한계 지점이 눈앞에 있음을 기억하고 한계를 돌파해보자.

99%의 평범함에 머무를 것인가, 아니면 1%에 해당하는 위대한 세일즈맨으로 도약할 것인가? 모든 것은 당신의 선택에 달려 있다. 1%의 세일즈맨이 되기 위해 우리가 해야 할 일은 무엇일까?

첫째, 고객의 말을 주의 깊게 집중하여 경청해야 한다. 고객과 세일즈맨의 공통점이 있다. 일반적으로 자기 이야기를 하고 싶어 한다는 것이다. 고객은 본인이 처한 어려움을 들어주기를 바라고, 세일즈맨은 내가 팔고자 하는 제품에 대해 전달하고 싶어 한다. 물론 세일즈맨이 내가 판매하는 제품에 대해 설명을 잘하는 것은 중요하다. 그러나 그보다 더 중요한 것은 고객의 말을 경청하는 것이다. 고객의 입장은 생각하지 않고 세일즈에만 목을 맨다면 진정한 소통이 되지 않는다.

진지하게 고객의 눈을 응시하고, 동의하는 부분에 대해서는 간단히 고객을 끄덕이거나 맞장구를 치는 등 확실하게 리액션을 해주고, 미팅 결과에 대해서는 반드시 실행에 옮기도록 해야 한다. 어느 고객이라도 잘 들어주는 세일즈맨은 언제든지 환영한다. 지금 당장 내가 한마디 더 하는 것보다 고객의 두 마디를 듣는 것이 훨씬 더 가치 있는 세일즈다.

고객의 말을 경청하라.

둘째, 목표를 철저히 세워야 한다. 세일즈에서 가장 어려운 것 중 하나가 매출 목표를 세우는 것이다. 매출 목표가 너무 낮으면 진취적이지 못한 세일즈맨으로 보일 수 있고, 너무 높으면 이상만 높게 잡는 것으로 보일 수 있다. 그만큼 목표는 현실적이고 실현 가능성이 있어야 한다.

매출 목표가 달성되지 않으면 회사의 살림살이가 어려워지고, 이는 세일즈맨의 일자리와도 직결된다. 그렇기 때문에 매출 목표를 달성하기 위해서는 단기, 중기, 장기적으로 철저히 준비해야 한다. 1년의 목표가 있으면 분기 단위, 월 단위, 주간 단위까지 세분화시켜 목표를 달성하겠다는 의지를 분명히 해야 한다. 어떠한 일이 있더라도 목표를 달성하겠다는 의지와 열정은 계속 이어져야 한다.

셋째, 고객을 배려하는 습관을 가져야 한다. 생각이 행동을 바꾸고, 행동은 습관을 바꾼다. 세일즈는 고객을 대상으로 한다. 처음 만나는 사람이건, 이미 알고 있는 사람이건 누구나 언제든지 고객이 될 수 있다. 따라서 기본적으로 사람을 소중하게 생각해야 한다. 항상 베풀 수 있는 온정의 마음을 가져야 한다. 곳간에서 인심 난다고 고객은 별것 아닌 사소한 것에도 깊은 감동을 받는다. 물론 별것 아닌 것에 실망하기도 한다.

평소 나는 "돌고 돌아 다시 만나게 되어 있다", "착하게 살아야 한다"는 말을 자주 한다. 누가 어떻게 될지 미래는 아무도 모른다. 그래서 우리는 누구를 만나더라도 배려를 해야 하고, 그것을 습관으로 만들어야 한다. 그래야 누구에게나 최선을 다하고 다시 마주치더라도 웃으며 만날 수 있기 때문이다. 명심하라. 배려는 습관이 되어야 한다.

넷째, 겉과 속이 다른 사람이 되지 마라. 사람들의 입소문은 참 빠르고 영향력이 대단하다. 제3자의 소문에 의해 나의 이미지가 결정될 수도 있다. 고객은 자신의 말을 잘 들어주는 세일즈맨을 원한다. 대화할 때에는 모든 것을 다 해줄 것처럼 해놓고 뒤돌아서면 언제 그랬냐는 듯이 딴청을 피우는 세일즈맨들도 있는데, 지금 당장 급하다고 아무 말이나 하고서 뒤에 책임을 지지 않으면 안 된다. 그럼 겉과 속이 다른 사람으로 비춰져 눈앞에 있는 고객뿐만 아니라 앞으로의 잠재고객 모두를 잃을 수 있다. 비즈니스 세계에서 가장 중요한 것은 신뢰다. 고객에게 '겉과 속이 다른 사람'이라는 이야기를 듣지 않도록 조심하자.

다섯째, 세일즈를 끝까지 포기하지 마라. 세일즈를 하다 보면 모든 여건이 잘 갖춰지지 않은 경우가 많다. 모든 여건이 잘 갖춰졌다면 그건 오히려 행운이다. 하지만 대부분 그런 행운은 잘 주어지지 않는다. 여러 변수로 금방 이루어질 것 같던 비즈니스가 이루어지지 않는 경우도 있고, 어려운 일들이 의외로 쉽게 풀리는 경우도 있다. 내일 당장 살 것처럼 했던 고객이 이런저런 핑계를 대며 끝까지 사지 않기도 하고, 만나주지도 않고 외면하던 고객이 무심하게 견적서를 요청하기도 하는 것이 세일즈다. 모든 것은 단지 시간이 걸릴 뿐이다. 많은 세일즈맨들이 결승선을 바로 눈앞에 두고 포기하곤 하는데 세일즈맨이라면 '중간에 포기하지 않고 끝까지 간다'는 마음가짐을 가져야 한다.

나도 세일즈맨으로서 단점이 많은 편이다. 내성적인 면도 있고, 사람을 너무 잘 믿기도 한다. 또한 너무 신중한 나머지 결정적인 순간에 판단을 망설여서 성과를 못 내는 경우도 많다. 그렇지만 나는 항상 고객의 말을 더 많이 듣고 더 배려하려고 노력한다. 이런 신중한 성향이 통하는 고객에게는 훨씬 쉽게 세일즈가 성공을 거두기도 한다.

단점은 놔두고 강점을 부각시키는 세일즈를 해야 한다. 1%의 세일즈맨이 되기 위해 노력하는 모습 자체만으로도 충분히 아름답다. "호미로 막을 일을 가래로 막는다"는 말이 있다. 때를 놓치면 돌이킬 수 없는 낭패를 본다는 뜻의 속담이다. '그 정도쯤이야'라고 대수롭게 생각하지 않고 목적의식이 있는 세일즈를 할 때 우리는 1%의 세일즈맨이 될 수 있다.

관점을 바꾸면 성공이 보인다

목표를 보는 자는 장애물을 겁내지 않는다.
- 한나 모어

《관점을 디자인하라》의 박용후 저자는 자칭 국내 유일의 '관점 디자이너'라고 말한다. 기존의 관점에서 보면 이런 직업도 있을까 하고 생각하게 되는 '관점 디자이너'는 쉽게 풀이하면 마케터나 홍보 같은 PR 전문가를 뜻한다. 회사나 제품의 이미지가 소비자들에게 잘 보이도록 하는 일을 주업무로 한다. 또한 새로운 제품을 만들 수 있도록 도와주고, 고객의 관점에서 새롭게 보이도록 만들어주는 일을 한다. 즉, 관점을 디자인한다는 말은 지금은 당연하게 생각 안 하지만 미래에는 당연해질 일을 찾아가는 과정을 뜻한다고 볼 수 있다.

과거에 누가 물을 돈 주고 사먹을 것을 상상이나 했을까? 스마트폰이 모든 현대인들의 손에 쥐어진 지도 불과 몇 년 되지 않았다. 그만큼 세상은 빨리 변하고 있고, 사람들이 미처 보지 못하는 세상을 보려면 다른 사람과 똑같이 생각하고 똑같은 관점을 가져서는 안 된다. 기존의 상식에서 벗어나 새로운 사고와 생각을 가져야 한다. 세일즈도 마찬가지다. 기존의 틀과 사고에서 벗어날 때 새로운 길이 보이고 성공적인 세일즈를 할 수 있다.

2010년, 당시 내가 맡고 있는 업무는 정확한 소프트웨어 라이선스를 안내하고 필요할 경우 구매까지 도와주는 일이었다. 어느 더운 여름날, 고객과의 미팅 시간에 늦지 않기 위해 서둘러 약속 장소인 고객의 사무실로 향했다. 처음 만나는 고객이라 다소 긴장하며 미팅 룸으로 들어갔는데 고객 외에 한 분이 더 앉아 있었다. 내가 의아한 표정을 짓자 "저희 회사 IT 관련 일을 봐주고 계시는 차장님인데 오늘 특별히 시간이 된다고 하셔서 모셨습니다"라고 소개해주었다. 고객은 혼자 만나는 것이 부담스러웠는지 평소 IT 관련 유지·보수를 해주는 담당자를 같이 부른 것이었다.

중소기업의 경우 대부분 IT 인프라 관리를 외주로 진행하기 때문에 종종 고객과 협력업체 담당자와 같이 미팅을 하는 경우가 있었다. 그런데 미팅 시작 때부터 자세가 삐딱했다. 내가 이야기하는 족족 자기가 알고 있는 것과 다른데 정말 맞는 거냐부터 시작해서 시종일관 부정적인 반응을 보였다. 고객 관리를 잘하고 있는 곳에 와서 내가 이상한 소리를 해 본인의 고객을 다른 곳에 빼앗길까봐 걱정했던 것이다. 다행히 특별한 라이선스 문제가 없어 다소 께름칙했던 미팅은 그렇게 끝났다.

시간이 지나 내 업무가 협력업체 세일즈 담당으로 바뀌어 새로 담당하게 될 곳의 연락처를 인수인계받아 휴대전화에 입력하는데, 그중 하나가 이미 저장되어 있는 번호였다. 누군가 싶었는데 전에 만났던 협력업체 차장님이었다. 그분도 이후 새롭게 독립해 회사를 설립했고, 지금은 열 명 남짓한 직원을 가진 업체의 어엿한 사장님이 되어 있었다. 너무 신기하고 반가운 마음에 전화를 걸었더니 낯익은 목소리가 전화기 건너 편에서 들려왔다.

"그때 만났던 그분 맞으시죠?"

간단한 인사를 나누고 다음 날 직접 만나러 가보니 그사이 그 사장님은 완전히 다른 분이 되어 있었다. 지난날 협력업체 담당자일 때의 까칠했던 모습은 자신의 업무에 책임을 다하는 자세였다. 또 고객을 위하는 순수한 마음은 더 많은 고객을 확보하는 원동력이자 든든한 시스템이 되었다. 그 후 개인 사업에 뜻을 품고 독립하여 지금의 위치에 온 것이었다. 담당 업무가 바뀐 뒤 다시 만난 그 사장님은 책임감을 갖고 맡은 일을 진행했고, 약속한 것은 꼭 지키는 모습을 보여주었다. 지금은 가장 가깝게 지내고 있는 협력업체 사장님이기도 하다. 고객 편만 들었던 영업대표가 그만큼 책임감 있게 업무를 진행하는 든든한 우군이 된 것이다.

못 본 사이 그 사장님의 본질이 변한 것은 아니었다. 다만 그분이 고객의 편만 드는 이상한 사람에서 성실하고 책임감 있는 모습으로 바뀐 것은 상대를 바라보는 나의 관점이 바뀌었기 때문이다. '왜 저렇게 고객 편만 드는 거지?'라고 생각했던 것이 관점을 바꿈으로써 '와, 저렇게 끝까지 책임을 지니 고객이 계속 생기는구나!' 하는 감탄으로 바뀌게 되었다. 마찬가지로 그 사장님도 나를 보고 '왜 저렇게 고지식하게 원칙만 이야기하지?'라는 생각에서 '와, 저렇게 우직하게 업무를 하니 회사 내에서도 다양한 업무를 통해 지금의 자리에 이르렀구나!'라는 생각으로 바뀌게 된 것이다. 이렇듯 상대방을 어떤 관점으로 바라보느냐에 따라 서로 방해되는 존재가 될 수도 있고, 성공으로 이끄는 동반자가 될 수도 있다.

세일즈에서 성공하는 것과 실패하는 것의 차이는 상당하다. 승자들은 언제나 자신의 행동과 결과에 책임을 진다. 반면 패자들은 왜 실패했는지 핑계 대기에만 급급하다. 바꿔 말하자면 패자들은 변명하는 사람들인 것이다. 변명은 세일즈를 하는 관점에서 가장 피해야 할 요소다. 일단 세일즈를 하면서 변명을 하기 시작하면 개인과 조직의 발전을 이루기는커녕 일상에서 발생하는 어떠한 어려움에도 변명만 하려 들게 되기 때문이다.

그렇지만 승자들은 다르다. 그들은 항상 해결책을 찾으려고 노력한다. 자신에게 주어진 문제나 과제를 어떻게 해결할 수 있을지 몇 날 며칠을 고민하며 새로운 도전에 과감히 맞선다. 그들은 끊임없이 새로운 것을 실천하고 고민한다. 만약 어떤 방법이 통하지 않는다면 다른 방법을 시도한다. 그들은 항상 새로운 '관점'을 통해 사건을 파악하고 해결책을 찾으려고 한다.

애플을 최고의 회사로 만든 스티브 잡스는 항상 직원들에게 동기를 부여하고, 최고를 추구하고, 혁신적인 팀을 이끄는 독특한 경영 방식을 가지고 있었다. 사실 스티브 잡스의 경영 스타일은 산업혁명 이후 대부분의 기업인들이 지키며 살아온 거의 모든 상식에 벗어났다고 해도 과언이 아니다. 심지어 스티브 잡스는 인성이 부족하고, 자신의 관점에서 벗어나는 직원들에게는 비판적이고 괴팍하기로 유명했다. 그런 그와 일을 한다는 것은 누구에게나 결코 쉽지 않았다. 그럼에도 불구하고 사람들이 그를 따랐던 것은 늘 기대와 예상을 훨씬 뛰어넘는 결과를 만들어내는 관점을 가지고 있었기 때문이다. 성공을 이끌었던 그의 독특한 관점이 있었기에 세계가 돌아가는 방식, 우리가 서로 소통하고 관계하는 방식, 음악을 듣는 방식, 영화를 보는 방식, 끝으로 제품을 사는 방식 모두 바뀔 수 있었다. 우리의 생활과 소통 방식을 바꾼 강력한 도구를 창조한 그의 성공은 '관점'의 차이에서 시작된 것이다.

지금은 끊임없이 변화하는 시대다. 그런 만큼 일사분란하게 움직이는 군대 같은 조직보다는 틀에 갇혀 있지 않은 자유로움 속에서 모험을 감행하는 산적 같은 조직이 필요하다. 물론 산적이 조직에 꼭 필요하다는 의미는 아니다. 요즘 같은 시대에 일정한 틀에서 벗어나 새로운 관점을 가지고 고객 지향적 관점을 가지는 것이야말로 세일즈맨이 갖춰야 할 자세다. 관점을 바꿀 수 있는 용기를 가지고 우직하게 나아가라. 관점을 바꾸면 성공이 보이고, 그것이 세일즈를 성공으로 이끄는 작지만 소중한 한 걸음이 될 것이다.

Lesson 40

프로는 언제나 고객을 감동시킨다

성공이란 열정을 잃지 않고 실패를 거듭할 수 있는 능력이다.
- 윈스턴 처칠

물은 99도에서는 뜨겁기만 할 뿐 절대 끓지 않는다. 마지막 1도를 높이지 못하면 그저 뜨거운 물에 지나지 않는다. 세일즈도 이와 같은 원리다. 모두가 세일즈를 잘한다고 생각해도 마지막 1도를 올리지 못하면 그저 고객 만족의 단계에 머물게 된다. 마지막 1도를 끌어올리는 것, 이것이 진정으로 고객을 감동시켜 행복하게 만드는 비결이다. 그럼 마지막 1도는 무엇으로 올릴 수 있을까?

"저희는 고객이 원하는 것을 제공해드립니다", "고객들은 이렇게 하고 싶어 합니다"와 같은 메시지는 많은 세일즈맨들이 내세우는 일종의 모토다. 그렇지만 중요한 건 이와 같은 세일즈맨의 시각은 고객의 입장에서 볼 때 큰 의미가 없다는 것이다.

고객의 욕구는 굉장히 다양하다. 어떤 고객은 세일즈맨과의 대화를 중요시하고, 또 어떤 고객은 사후 서비스나 약속 시간 준수를 훨씬 더 가치 있게 생각한다. 어떤 고객은 무조건 싼 가격만 찾기도 한다. 고객이 기대하는 것보다 더 많은 것을 제공하며 마지막 1도를 올리고 싶다면 우선 각각의 고객이 어떤 기대를 하는지 알아야 한다. 그리고 그 기대를 뛰어넘는 제품과 서비스를 제공할 때 고객은 감동하고 마지막 1도는 자연스럽게 올라간다.

나는 등산을 좋아해 가끔씩 산을 찾는다. 2011년 봄, 지인들과 지리산 종주를 할 당시 2박 3일의 일정이었기에 시간을 충분히 갖고 준비물을 잘 챙겨 지리산으로 출발했다. 오랜만의 종주라 나는 들뜬 마음으로 산행을 시작했다.

5월의 신록은 푸르렀고, 일행은 무사히 첫날 일정을 마쳤다. 그런데 둘째 날 사건이 발생했다. 일행 중 한 명의 신발 뒤꿈치 고무 굽이 떨어져나간 것이었다. 다행히 산장에서 휴식을 취할 때 발견하여 산행을 계속할 것인지, 하산할 것인지 고민하고 있었다. 그때 출발지 입구에서 본 광고가 생각났다. "산행할 때 문제가 생기면 언제든지 바꿔드립니다"라는 한 신발 브랜드의 광고였다. 그래서 혹시나 하고 산장지기한테 문의했더니 창고에서 맞는 치수의 신발을 구해주었고, 우리 일행은 무사히 산행을 마칠 수 있었다.

내가 더욱 감동한 것은 그때 뒤꿈치 고무 굽이 떨어진 신발을 산장에 버리고 왔는데, 그 회사가 그것을 수거한 뒤 고쳐서 일행에게 보내준 것이었다. 거의 새 신발이 되어 돌아온 것을 보고 예상치 못한 감동이 몰려왔다. 여기에 "고객님의 편안한 산행을 위해 고쳐 보내드립니다"라는 편지도 함께 보내왔다. 이후 함께 산행을 했던 모든 일행이 이 브랜드의 충실한 고객으로 남게 된 것은 너무도 당연한 일이었다.

많은 세일즈맨들이 고객 감동을 외치면서도 제대로 실행하지 못하는 이유는 너무 큰 그림만 생각하고, 디테일한 부분을 놓치기 때문이다. 내가 협력업체 담당 세일즈를 하면서 고민했던 것 중 하나가 '어떻게 업체 직원들의 사기를 올릴까?' 하는 것이었다. 어려운 근무환경 속에서 고객들에게 치이다 보면 쉽게 자리를 옮기는 직원들이 많은데, 다시 그 자리를 대체하는 데 들어가는 시간과 노력은 만만치 않다. 그래서 만든 것이 작은 커뮤니티 모임이다.

사장님들과 달리 대부분의 직원들은 비슷한 또래나 비슷한 특징을 가진 동료들과의 모임을 선호한다. 그 자리에서는 회사의 윗분들이나 고객들의 눈치를 볼 필요도 없고, 하고 싶은 이야기를 모두 할 수 있기 때문이다. 그들은 주로 말하는 것에 익숙하다. 그래서 나는 그 자리에서 듣기만 한다. 그들의 말을 귀 기울여 듣고 필요하면 찬사도 보낸다. 그들의 이야기를 집중해서 듣다 보면 고객을 감동시킬 수 있는 아이디어도 많이 떠오른다. 물론 그 자리에서 나온 이야기는 참석한 사람들끼리만 공유하는 비밀이 된다. 세일즈에 지친 직원들에게 이야기하면서 스트레스를 풀게 하고, 그런 이야기를 들어주는 것만으로도 그들은 감동을 느낀다. 고객 감동을 멀리서 찾을 필요 없다. 내 앞에 있는 사람에게 집중하고, 그들을 위하는 정중한 태도를 보이는 것만으로도 감동을 줄 수 있다.

무엇보다 고객 감동을 위해서는 '나'라는 브랜드로 승부해야 한다. 이것은 하나의 정신적 태도이자 철학이 되어야 한다. 이것을 마음속 깊이 받아들이고 고객과의 관계를 유지한다면 분명 고객들에게 훌륭한 인상을 남기게 될 것이다. 그러면 고객들이 나에게 긍정적인 말을 하게 되고, 나는 어느 순간 스스로 나를 대표하는 브랜드가 될 수 있다. 이 세상 어디에서도 찾을 수 없는 브랜드! 그렇게만 되면 명함에 적힌 직함이나 직위는 큰 의미가 없어진다. 내가 가진 브랜드가 충분히 모든 것을 말해주기 때문이다.

나는 고객 감동을 실천하는 프로가 되기 위해 다음과 같은 질문을 매일 한다.

- ☐ 내가 레스토랑의 종업원이 되었다고 가정하자. 내가 손님이라면 나에게 서비스를 부탁하겠는가?
- ☐ 나는 스스로가 좋은 사람이라고 생각하고 있는가?
- ☐ 나는 다른 사람들을 자주 웃게 만들고 있는가?
- ☐ 나는 다른 사람들이 하지 않는 행동을 가끔 하고 있는가?
- ☐ 내가 만나는 사람들은 내 이름을 한 번에 기억하고 있는가?
- ☐ 내가 선물을 자주 주거나 고객에게서 선물을 받을 때가 있는가?
- ☐ 나는 정말 열심히 세일즈 하고 있는가?
- ☐ 내가 알고 있는 모든 고객이 한곳에 있어도 나는 그곳에 가기가 꺼려지지 않는가?

'나'라는 브랜드를 만들어가는 과정에서 이런 질문을 끊임없이 던져 보자. 주저 없이 '나'는 확신을 갖고 '그렇다'라고 대답할 수 있다면 당신은 이미 고객에게 감동을 주는 것을 넘어 브랜드를 가지고 있는 것이다.

끝으로 말만 하지 말고 실천을 해야 고객에게 감동을 줄 수 있다. 고객 감동은 사소한 것에서부터 시작하는데 이는 바로 세일즈맨이 실천을 하느냐, 하지 않느냐에 따라 차이가 난다. 세일즈를 할 때 대부분 뭐든 다 해줄 것처럼 이야기한다. 고객의 마음을 사로잡기 위해서다. 그러다 계약이 성공적으로 이루어지면 다른 세일즈 기회를 찾아야 한다는 핑계를 대면서 고객 관리를 소홀히 한다. 그런데 고객은 실천하지 않고 말만 하는 세일즈맨을 기가 막히게 알아챈다.

실천하지 않는 세일즈는 공상에 불과하다. 그래서 나는 고객에게 지키지 못할 약속을 함부로 하지 않는다. 예전처럼 무조건 다 해주겠다는 말을 믿는 고객도 더 이상 없을뿐더러 나 스스로도 책임질 수 없기 때문이다.

고객은 사소한 것에 감동한다. 지키지 못할 약속을 할 바에야 차라리 정해진 시간에 맞춰 제품이나 서비스를 제공하고, 세금계산서 발행 등을 고객의 편의에 맞춰 진행하는 등 사소한 것에 더 신경 쓰는 것이 좋다. 너무 큰 그림을 그리기보다는 작은 것부터 시작하고 실천하라. 그것이 퍼펙트 세일즈를 위한 첫걸음이 될 것이다.

1판 1쇄 펴낸날 2017년 6월 10일

지은이 서명식
펴낸이 나성원
펴낸곳 나비의활주로

책임편집 권영선
디자인 design BIGWAVE

주소 서울시 강북구 삼양로 85길, 36
전화 070-7643-7272
팩스 02-6499-0595
전자우편 butterflyrun@naver.com
출판등록 제2010-000138호

ISBN 979-11-88230-05-1 03320

※ 이 책은 저작권법에 따라 보호받는 저작물이므로 무단 전제와 무단 복제를 금지하며,
이 책의 내용을 전부 또는 일부를 이용하려면 반드시 저작권자와
도서출판 나비의활주로의 서면 동의를 받아야 합니다.
※ 잘못된 책은 바꿔 드립니다.
※ 책값은 뒤표지에 있습니다.